Metzen

Verschenkte Millionen

Wie er lebte, liebte und starb

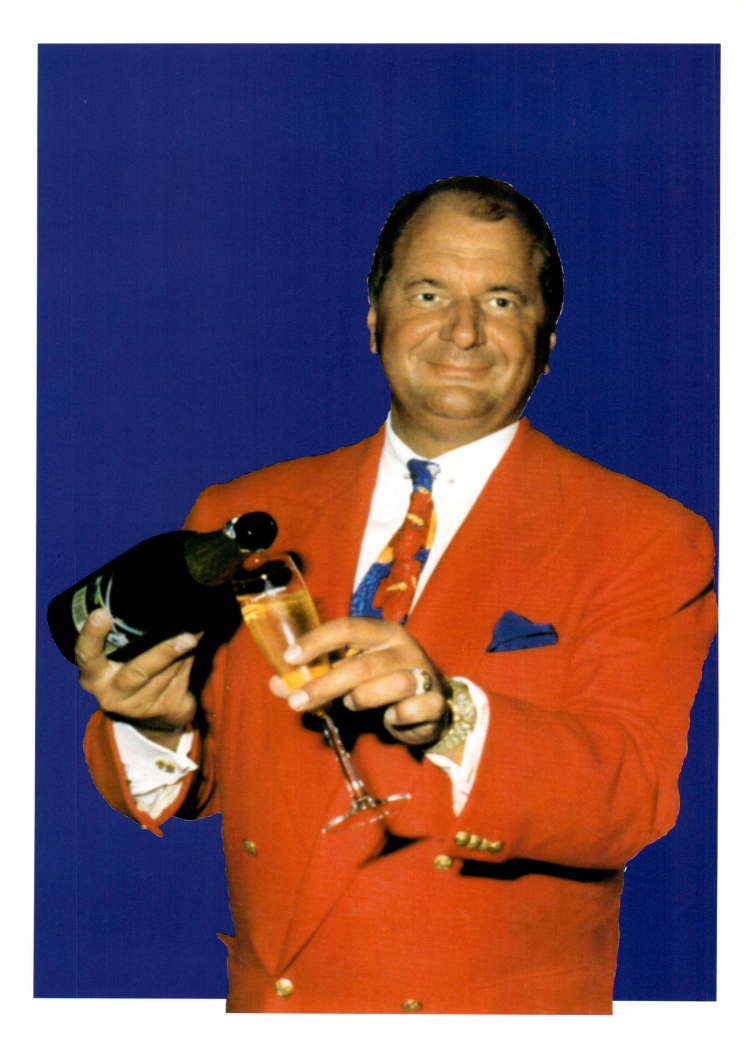

Werner immer TOP gekleidet

Vater und Sohn Lars (Ferraris, Lamborghini, Rolls Royce besaßen sie im Dutzend)

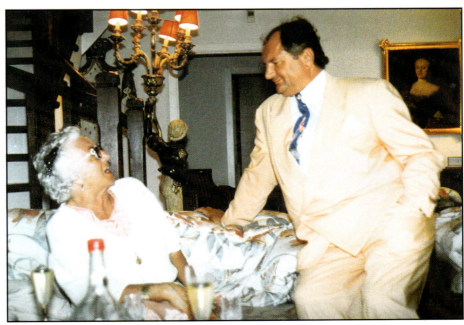

Werner gerne beim Adel (Bild rechts: mit Erina Prinzessin von Sachsen)

IMPRESSUM

Werner Metzen – der Ramsch-König

Autor (V.i.S.d.P.):	Lars Metzen, Im Maibüsch 1, 56766 Ulmen
Redaktionelle Betreuung:	thema-Redaktionsbüro Fritzsche & Graber, Comeniusstraße 8, 60389 Frankfurt am Main
Fotos:	Justa, München, Rolf Kremming, Georg Lukas, Metzen-Familienarchiv, Gerd Nahke, Ri-Ro-Press, Klaus Schultes, thema-Press, Wolfgang Tscharnke, Jürgen Worlitz
Gesamtherstellung:	Max Schimmel Satz + Druck, Würzburg
Vertrieb:	Stock-Lot GmbH, Siemensstraße 12, 35799 Merenberg Telefon 0 64 71 / 5 10 21, Fax 0 64 71 / 5 12 21
© 1998 by Stock-Lot GmbH	Alle Rechte vorbehalten
ISBN-Nr.:	3-00-002292-9

Hergestellt in Deutschland

Das Werk ist urheberrechtlich geschützt. Jede Verwertung außerhalb der engen Grenzen des Urhebergesetzes ist ohne Zustimmung des Autors unzulässig und strafbar. Dies gilt insbesondere für die Vervielfältigung, Verarbeitung, Mikroverfilmung und die Einspeicherung und Verarbeitung in elektronischen Systemen.

Inhalt

Lache, und die Welt lacht mit...	7
Ein Leben unterm Hammer	8
Der letzte Schlußverkauf bei Metzen	10
6.9.45: 4.30 Uhr – Werner ist da!	12
Die Familie	14
Was damals die Menschen bewegte	15
Deutschland im Jahre Null	16
Was hat dieses Kind das andere nicht haben	16
Klein-Werner mit vier	17
... und was die Sterne verraten	18
Ereignisse in Ost und West	18
Erster Schicksalsschlag	18
Mutter Metzen kramt im Schuhkarton	19
Dokumente einer unbeschwerten Kindheit	20
Ein Junge bestaunt den Luxus – im Hotel der Millionäre	23
Die Metzens ziehen um: Sechsmal in zehn Jahren	23
Werner geht zum Grenzschutz	24
Hier sehen Sie sein erstes Geschäft	25
Und hier sein zweites	26
Immobilienhandel...	27
Sie zähmt den wilden Werner	28
Die Kinder und sein turbulentes Leben	30
Zweite Ehe – ohne Trauschein	32
Mit Daddy auf einem Bild	34
Ferien im Phantasialand	35
Anja küßt Papa. Er hätte sie so gern zur „Miss" gemacht	36
Dirk sagt: „Alles, was ich bin, das verdanke ich ihm"	38
Blech & säckeweise Geld	40
Reitstunden, Reisen, schöner Wohnen	42
Ausflug in die Gastro-Szene	44
Die Bauchlandung	45
Die „Ramsch-Ära"	46
Frage: Was haben alle diese Gegenstände gemeinsam?	48
Sie machten ihn reich!	50
Das Wundertüten-Prinzip	51
Die Verkaufskanone	52
Kleider machen Leute	54
Die Mauer fällt	56
Jetzt wird der Osten verhökert	58
Reich mit alten Gasmasken	59
Werner Metzen im Immobilienrausch	60
Reinfall mit Babybrei	61
Sturm auf den Billigmarkt	61
„Ei gugge da – eene echte Prinzessin"	62
Adel schmückt	64
Der Auto-Narr	66
Luxus-Karossen kaufte er im Dutzend!	68
Ein Ferrari wird verscherbelt	69
Das billigste Kaufhaus der Welt	70
Champagner-Luft und Brilli-Glanz	73
Die Schönen & Berühmten	78
Wahre Freunde	82
Metzen erobert Spanien	84
Werner auf allen Kanälen	88
Metzen macht mobil	90
Der König als Narr	92
Ein starkes Betriebsklima	96
Oktoberfest 95	97
Faszination Ziege	98
Für Vereine hat er immer ein offenes Ohr	99
Er verführte über 1.000 Frauen	100
Glatze auf Brautschau	104
Kurzer Traum vom Glück	106
„Kullermund" tritt von der Bühne ab	109
Ja, ich wahr im hörig	110
Seht her, so wohne ich	112
Blow up in Weinheim	114
Gastro, der zweite Anlauf	116
Er liebte jede Art von Festen und Feiern im großen und kleinen Kreis	118
Es war eine rauschende und sagenhaft teure Ballnacht	120
Und hier sehen Sie den Anfang vom Ende	122
Götterdämmerung	124
„Er war ein saumäßiger Geschäftsmann"	126
Hätte das Metzen-Imperium gerettet werden können?	128
Aus der Sicht eines Branchen-Kollegen	129
Flucht nach Spanien	130
Jeden Tag stirbt er ein bißchen	132
Tod in Gerona	134
Ist Werner Metzen wirklich tot?	135
Falsches Spiel der TV-Reporter	137
Wir ziehen ein Fazit	138
Werner Metzen & ...	140

Lache, und die Welt lacht mit...

Das Foto links zeigt meinen Vater und mich 1993 im Schloßhotel Bühlerhöhe. Wir besaßen damals zwanzig Sonderpostenmärkte in ganz Deutschland, und rückblickend muß ich sagen: Es war die wirtschaftlich erfolgreichste Zeit seines Lebens.

Ich erinnere mich noch gut an die Worte, mit denen er auf meine Frage antwortete, welche Position ich beim Fotografieren einnehmen solle: „Völlig egal! Hauptsache, du lachst!"

Während der Recherchen zu diesem Buch habe ich mit meinen Co-Autoren Hunderte von Fotos meines Vaters durchgesehen, Dutzende Videos angeschaut. Tatsächlich: Es gibt, von den Kinderbildern abgesehen, kein einziges, auf dem er nicht lacht.

„Lache, und die Welt lacht mit dir", war einer seiner Sprüche. Er hat einen Nachsatz: „Weine, und du weinst allein..."

Die Veröffentlichungen über meinen Vater in Zeitungen und Zeitschriften füllen mehrere Aktenordner. Journalisten begleiteten ihn vom Höhepunkt seines Erfolges bis zu seinem Ende. Und erst ganz zum Schluß, wenige Tage vor seinem Tod, da hat er zum ersten Male geweint, vor laufender Kamera, als er mit stockender Stimme erklärte, daß alles aus sei. Den Schuldigen nannte er auch: Mich, Lars Metzen, seinen ältesten Sohn.

Zu diesem Zeitpunkt, im Frühjahr 1997, hatten wir uns längst entzweit. „Unüberbrückbare Differenzen", heißt es in solchen Fällen. Doch dahinter verbirgt sich viel mehr als eine Differenz zwischen Vater und Sohn - nämlich eine menschliche Tragödie.

Davon handelt dieses Buch.

Metzen die „Geldmaschine"!

Werner Metzen, der Unternehmer. Er „habe das Geldmachen erfunden" verriet er einmal mit der für ihn typischen augenzwinkernden Spitzbübigkeit einem Redakteur der Frankfurter Allgemeine Zeitung. Das Verblüffende daran: Es stimmt!

Mit einer genialen Erkenntnis stampfte er ein erfolgreiches Unternehmen aus dem Boden, fast ohne Eigenkapital. In einer Zeit, in der schon auf dem Schulhof Marken-Damen den Prestigewert von T-Shirts und Turnschuhen bestimmten und eine Luxuswelle über unser Land schwappte, setzte er konsequent aufs Gegenteil: „Teures billig". Seine Geschäftsphilosophie, sein Verhandlungsgeschick, sein Verkaufstalent, seine Überzeugungskraft machten ihn zu einem außergewöhnlichen Geschäftsmann. Es ist die Tragödie seines Lebens, daß er am Ende hoch verschuldet war, ohne nennenswerte Kredite für seinen Betrieb aufgenommen zu haben. Auch davon handelt dieses Buch.

Daß er scheiterte, lag nicht an seinem Konzept. Es lag an seiner Unfähigkeit, mit Geld umzugehen. An seinem blinden Vertrauen in die falschen Berater. An seiner unverbrüchlichen Treue zu angeblichen Freunden. Vater hat Millionen verdient - und wieder verloren, verschleudert, verpraßt, verschenkt. Der Millionär konnte nie eine Mark auf der Habenseite seines Kontos verbuchen! Sein unermeßlicher Reichtum, den er so gern zur Schau stellte, war nichts als eine Illusion, die er der Welt - und sich selbst - vorgaukelte. So lange Vaters Quellen sprudelten, lebte er im Luxus. Als sie zu versiegen begannen, verlor er die Lust am Leben.

Und schließlich wählte er den Freitod.

Er beging Selbstmord auf eine mentale Weise. Und wenn es so nicht geklappt hätte - der Todescocktail stand schon bereit. Er wurde nur 51 Jahre alt. Ein dichtes Leben. Voller Ereignisse, Abenteuer, Frauengeschichten, Erfolge und Pleiten.

Auch davon handelt dieses Buch.

Und es handelt von den Menschen, die ihn gekannt, geliebt - und ausgenutzt haben. Daß die sogenannte „feine Gesellschaft", in der er sich so gern bewegte, gar nicht so fein ist - er wollte es nie wahrhaben.

Vater war eine extrem unkonventionelle Persönlichkeit. Unternehmer, Lebenskünstler, Wohltäter, Pleitier. In unserer Zeit ist wenig Platz für Menschen seines Schlages. In der Welt der Bilanzen, Risikoversicherungen und Steuererklärungen werden „bunte Hunde" bestaunt - und schließlich mit einem Fußtritt abserviert.

Dennoch - oder gerade deshalb - bewundere ich ihn. Diese Bewunderung schlug mir auch in den ungezählten Gesprächen entgegen, die ich für dieses Buch mit alten Weggefährten, mit ehemaligen Geliebten und Angestellten meines Vaters führte. Zugegeben: Sie sind nicht alle gut auf ihn zu sprechen. Dunkle Seiten werden da ans Licht gezerrt, böse Anekdoten zum besten gegeben. Dennoch lassen wir auch solche Aussagen ungeschminkt in dieses Werk einfließen. Ich bin sicher: Er hätte es so gewollt. Schönfärberei ist nie die Sache des Werner Metzen gewesen.

Menschen 95. Als einen solchen präsentierte Günther Jauch meinen Vater im ZDF. Für mich ist er mehr - eine der großen unternehmerischen Persönlichkeiten der letzten Jahrzehnte. Wie anders wäre wohl sein Leben verlaufen, hätte er in den 50er Jahren, der Zeit des „Wirtschaftswunders" seine Aktivitäten entfalten können.

Und was wäre aus ihm und seinem Unternehmen geworden, hätte er einen nüchternen Verwalter an seiner Seite gehabt?

Der wäre ich gerne gewesen. Aber es kam anders...

Spekulationen, Gerüchte, Anschuldigungen begleiteten sein Ende. Es ist nicht meine Absicht, mich zu rechtfertigen. Gleichwohl will und muß ich Gerüchten über meine Person entgegentreten. Es ist an der Zeit, endlich die ganze Wahrheit über das ungewöhnliche Leben und tragische Ende des „Ramsch-Königs", zu dem ihn die Medien gemacht hatten, zu schildern.

Dies bin ich meinem Vater schuldig.

Lars Metzen

Stolzer Besitzer von Metzens Rolls Royce: Hotelier Bramer mit Lebensgefährtin Annett

Hammer

Das idyllische Prerow auf der Ostseehalbinsel Darß ist stolz auf sein Heimatmuseum, die Reste eines Burgwalls aus slawischer Zeit, eine kleine Seemannskirche und das vornehme Hotel Prinzenresidenz. Im Foyer desselben hat Werner Metzen einen Ehrenplatz gefunden. Überlebensgroß und ganz aus Bronze lächelt er den Gästen entgegen. Eine Wirtschaftswunder-Ikone zum Anfassen.

Hotelier Michael Bramer (38) hat das Unikum für 3.500 Mark ersteigert, zusammen mit einem goldgeränderten Spiegel und, ach ja, einem weißen Rolls Royce Silver Spur II. Damit will er seine Gäste durch die mecklenburg-vorpommersche Küstenlandschaft kutschieren.

89.930 Emmchen blätterte er für den Wagen (Bj. 93, 171.468 km, TÜV bis 2/98) hin, einschließlich Auktionsgebühr und Mehrwertsteuer. Ein tolles Schnäppchen. Gut und gern 330.000 kostet so einer im Laden. Ohne den Kühlschrank, versteht sich, den Rolls-Fan Metzen hat einbauen lassen. Damit der Champagner immer schön kühl bleibt.

Trotzdem wird Herr Bramer noch ein hübsches Sümmchen reinstecken müssen. Eine große Inspektion ist überfällig. Eins weiß er jedoch sicher: Der knallgelbe Aufkleber mit dem Slogan Metzen - Teures billig im Heckfenster bleibt. Das ist er dem Vorbesitzer schuldig. Da gibt's nix.

Und überhaupt: Die Rolls-Versteigerung hätte der Metzen Werner nicht besser inszenieren können. Für eine Mark Mindestgebot war das Auto ins Rennen gegangen, und da hatten gleich ein paar Hundert ihre Arme hochgerissen wie Pennäler bei der Abstimmung über hitzefrei. Aber Unternehmer Bramer hatte nicht nur viel Geld mitgebracht, sondern auch Lebensgefährtin Annett Rennhack (29), die ihn mental zum Durchhalten ansporte, und zum Schluß machte ihm nur noch ein gewisser Jaffar Al-Mudhafar den Nobelschlitten streitig, aber dem Geschäftsmann aus Heidelberg ging bei 67 Riesen die Luft aus. Zum Ersten, zum Zweiten - und zum Dritten...

Versteigerte den Nachlaß: Auktionator Perlick

Herr Bramer hat es zu etwas gebracht. Nicht rumgenölt wie so manche andere Ex-DDR-Bürger, sondern angepackt. Wie sein Vorbild, der Metzen Werner. Die Prinzenresidenz ist sein zweites Hotel, und es muß ja nicht das letzte bleiben.

Zu dumm, daß der Werner das nicht mehr erleben konnte. War doch alles so schön geplant: Große Eröffnungsfeier mit Büfett und Prominenz aus Politik und Adel. Tja, und dann geht er von uns. Einfach so. Hinterläßt einen Berg Schulden und ein Sammelsurium skurriler Memorabilien wie die Zigarrendose mit Spieluhr und gewaltige Mengen fernöstlicher Vasen. Zeugnisse manischer Sammelleidenschaft. Die stapeln sich an einem Juni-Samstag 97 im Zentrallager der Firma Metzen Warenhandelsgesellschaft im badischen Walldorf. Zwangsversteigerung. 2.500 Menschen sind zu dem letzten großen Metzen-Happening gekommen, drängen sich auf Bierzeltbänken, pressen ihre Bieterschildchen konzentriert an die Brust.

Eine Topfpflanze aus dem Büro des Ramschkönigs - Bieter reißen die Arme hoch. Für 120 Mark geht sie weg. Einen „Metzen-Bonus" konstatiert der Auktionator: „Die Leute sind ganz verrückt nach seinen Sachen"

Der letzte Schlußverkauf bei Metzen

Von dem, was Werner Metzen reich machte, ist nichts mehr da. Keine Paletten mit Mausefallen, keine Kartons voller Uniformteile aus DDR-Beständen, keine Klobürsten, Garderobenständer, Adventskalender, Ofenrohre. Den Ramsch hat ein Herr Kooistra am Vortag aufgekauft. 20 Lastwagen voll. Für Branchenfremde: Dirk Kooistra (43) nennt sich im Plunder-Business „Der Fliegende Holländer".

Um 11.03 Uhr geht's los. Als erstes kommt der blaue Chefschreibtisch mit Wurzelholzeinlage dran. Bringt 2.800 Mark. Für 250 geht eine chinesische Vase weg, für 90 ein Kopierer. Der ist leider defekt, und Auktionator Michael Perlick (41) warnt: „Da kommt die Entsorgung teurer..."

Egal! Hier geht es nicht um Werte, hier geht es um Kult.

Waldemar Glasmann (53) aus dem schwäb´schen Bühlertann ist der 36flammige Kronleuchter mit 1,20 m Durchmesser aus Metzens Vorzimmer 1.700 Märker wert. Und weil der Autohändler gerade in Fahrt ist, nimmt er auch noch eine Ritterrüstung auf gepanzertem Roß für 4.500 Mark mit. „Kommt in meinen Ausstellungsraum."

Einen Kujau gibt's für 4.500 Mark

Ein Bauunternehmer aus dem Badischen ergattert ein Gemälde von August Macke. Viereinhalb Tausender muß er dafür bezahlen. „Wäre locker 'ne viertel Million wert", kommentiert Perlick. Wenn die Signatur nicht von Fälscher Konrad Kujau stammen würde. Der Vollständigkeit halber: Sammler Metzen hatte mal 10.000 dafür gezahlt - zugunsten der Hannelore-Kohl-Stiftung für ZNS-Kranke.

Metallwarenfabrikant Gerhard Haßler (60) will eigentlich eine Folieneinwickelmaschine, kommt aber nicht zum Zuge und fährt mit einer Bodenvase für 390 Mark heim. Auch ganz nett.

Aufgeregt trägt Andreas Barth (20) sein Schnäppchen zum Auto: Ein Ventilator für 65 Mark. „Das ist doch was", stammelt der Zivildienstler tief bewegt, „die Windmaschine vom Metzen in der Bude zu haben."

Im Pub von Guiseppe Vilardo (54) aus Mannheim wird die Registrierkasse (160 Mark) des Ramschmillionärs klingeln. Für eine Schale mit künstlichen Blumen legt der Gastwirt noch mal einen Hunderter hin; kriegt dafür einen silbernen Sektkühler als Zugabe. Eine Kaffeemaschine für 80 Mark erbeutet Gangolf May (24), der eigentlich einen Hubwagen für seine Werkstatt im Auge hatte. Glücklich zieht Ludwig Konrad mit zehn Krawatten - reine Seide, versteht sich - von dannen. Eine Mark das Stück. So billig war Teures nicht mal zu Lebzeiten des teuren Verblichenen.

Bieter aus dem ganzen Bundesgebiet

Der ist seit 51 Tagen tot und inzwischen in Andernach am Rhein beigesetzt. Aber neulich hat eine Leserin bei BILD angerufen: „Ich traf Metzen auf Bora Bora." Das liegt im Pazifischen Ozean und gehört zu den sogenannten Gesellschaftsinseln. Könnte es sein, daß..?

Tot oder in Polynesien - den aus ganz Deutschland angereisten Bietern ist das in diesem Augenblick egal. Eine Volvo-Sattelzugmaschine für 32.000 Mark sichert sich soeben Joachim Belger (38) aus dem bayrischen Wörthsee. Die Maschine will er „durchchecken, schön aufpolieren" und, wenn es geht, dann für 45.000 weiterverkaufen. Herr Belger handelt mit Trucks.

Und weiter geht's. Schlag auf Schlag. Zwei Paar Schuhe, von Dietmar Schönherr und Erina Prinzessin von Sachsen nur wenig getragen, im repräsentativen Bilderrahmen (680 Mark), zwei Stehlampen in Form griechischer Göttinnen (3.300 Mark) - da wird ein Lebenswerk abgewickelt.

Nach drei Stunden macht Auktionator Perlick Kassensturz. 750.000 hat der Nachlaß gebracht. Er ist ehrlich verblüfft. „Unsere Erwartungen wurden übertroffen."

Plötzlich geht das Licht im Saal aus

Das Geld geht - nach Abzug der Gebühren - an Franz Gelbowicz im ostthüringischen Altenburg. Er ist Rechtsanwalt und Sequester - Zwangsverwalter, auf gut Deutsch - und schlägt sich zu diesem Zeitpunkt mit den Verbindlichkeiten der Metzen Warenhandelsgesellschaft mbH herum. Nach ersten Schätzungen liegen sie im zweistelligen Millionenbereich und bestehen vor allem gegenüber mehreren Banken und Vermietern von Teures billig-Läden. Einige haben von ihrem Mietpfandrecht Gebrauch gemacht und die Filialen schließen lassen. Anderswo wurde der Strom wegen nicht bezahlter Rechnungen vom örtlichen Energieversorger abgedreht. Götterdämmerung senkt sich über das Metzen-Imperium...

... und einmal ganz kurz auch auf die Metzen-Fangemeinde im Hochregal-Warenlager von Walldorf. Das Licht in der Halle flackert und erlischt. Es war die Sicherung. Heißt es. Oder hatte da jemand höheren Ortes die Finger im Spiel?

Auktionator Perlick ist geschafft - und zufrieden: Alles weg, sogar die historische Ritterrüstung (unten), dereinst für 15.000 Mark in Spanien gekauft

6.9.45: 4.30 Uhr
Werner ist da !

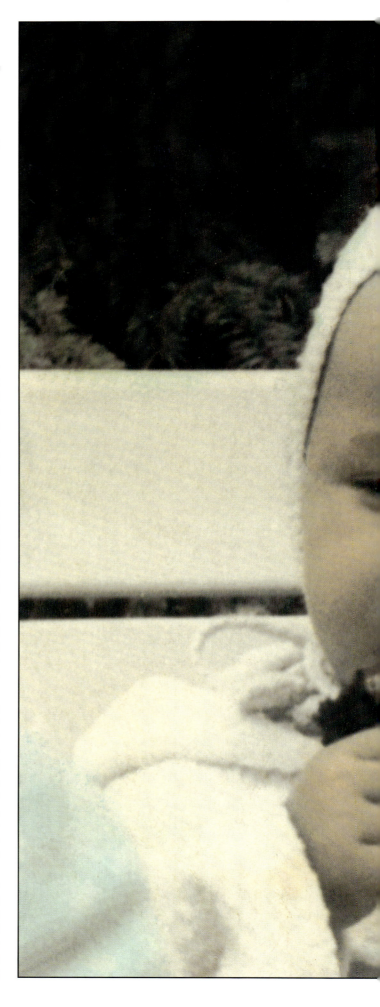

Was für ein Glück, daß sich der Handelsvertreter Werner Metzen (22) aus dem kleinen Ort Breisig am 6. September 1945, einem Donnerstag, nicht, wie gewöhnlich, auf Geschäftsreise befindet.

An diesem Tag setzen bei seiner hochschwangeren Frau Ina (25) plötzlich die Wehen ein. Der werdende Vater stoppt kurzerhand einen US-Jeep vor der Haustür, und in rasender Fahrt geht's zum elf Kilometer entfernten städtischen Krankenhaus von Andernach am Rhein, wo Ina Metzen von einem strammen Buben entbunden wird - 55 cm groß, 3.500 g schwer. Es herrscht Ausgangssperre in jener Nacht.

Das Wochenbett der Mutter steht auf einer Privatstation, genauer gesagt: in der Bäderabteilung, da die eigentliche Entbindungsstation alliierten Bombenangriffen zum Opfer gefallen ist, und zu den ersten Gratulanten gehört die Besatzung des Jeeps: „What a nice boy."

Die Eltern entscheiden sich für den Namen Werner, nach dem Vater, fügen auch noch ein Josef hinzu, worauf der Junior später aber verzichtet.

Nesthäkchen Werner hat zwei ältere Schwestern: Monika und Karin. Sie schieben ihn im Kinderwagen über das bucklige Pflaster der Kleinstadt, und Werner liebt sie abgöttisch. (Zwölf Jahre später wird Nachzüglerin Barbara Emilie die Familie noch einmal vergrößern.)

„Er war ein Glückskind", resümiert Schwester Karin rückblickend. „Nie krank. Nie traurig." Ein Strahlemann in kurzen Hosen. „Nicht einmal schmutzig gemacht hat er sich", wundert sich Mutter Ina noch heute.

Und so kommt es, daß der Metzen-Sprößling, stets adrett und sauber, freundlich und hilfsbereit, die Sympathie der Nachbarschaft genießt.

Werner kann kaum laufen, da krabbelt er schon zwischen Autos herum. Nebenan ist ein Autohaus. Volkswagen. Er ist begeistert und malt mit ungelenker Hand, was er sieht: Die Schwestern, Häuser - und Autos, immer wieder Autos. Sie werden ihn ein Leben lang faszinieren und seine Sammelleidenschaft beflügeln.

Er ist ein unternehmungslustiger Junge. Wir sehen ihn rechts. Das älteste Foto. Es trägt die Jahreszahl 1946, ist handkoloriert. Ein süßer Fratz mit entschlossenem Blick - und einem Handicap:

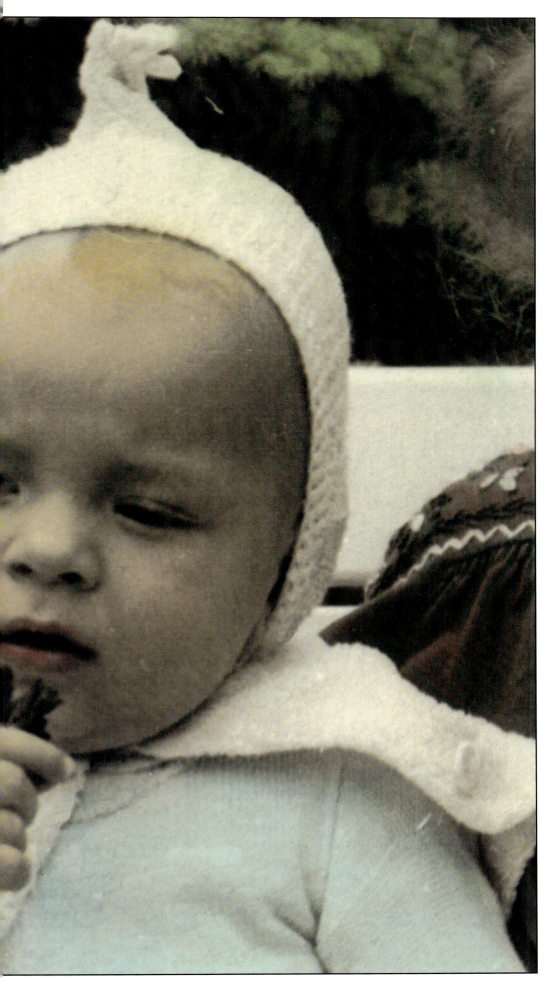

Mit zwei Jahren beginnt er zu stottern. Die Mutter glaubt, der plötzliche Tod seiner Schwester Monika habe sein Sprechvermögen gelähmt. Später wird er die Legendenbildung um die Episode bereichern, er habe in Selbsttherapie die Bäume im Wald angeschrien wie weiland der antike Redner Demosthenes das Meer.

Um diese Zeit wird ein Meilenstein in die deutsche Nachkriegsgeschichte gesetzt, der für das Leben des Werner M. ungeahnte Bedeutung haben wird: Die D-Mark kommt. Das Warenangebot in den Geschäften wird üppig. Man kann wieder kaufen. Und verkaufen. Die Preise folgen den Regeln von Angebot und Nachfrage. Ein dicker Mann mit Zigarre namens Ludwig Erhardt erfindet die soziale Marktwirtschaft. Und ein kleiner Ort am Rhein hat das Rennen um die Hauptstadt der jungen Bundesrepublik gemacht.

Den Pimpf aus Breisig beschäftigen andere Sorgen. Mit vier beschließt er nach einem Streit mit der Mutter, das elterliche Haus für immer zu verlassen. „Nur mit einem Hemdchen und einer Schürze bekleidet, ist er heimlich zum Bahnhof gelaufen", erzählt Ina Metzen. „Er fand eine Bahnsteigkarte und stieg damit in einen Zug. Nach zwei Stationen fiel er dem Schaffner auf. `Ich fahre zu meinem Opa. Und da bleib ich auch!´ hat er gesagt. Fest entschlossen. Sie haben ihn mir dann zurückgebracht. Ja, so war er, der Werner."

13

Die Textilabteilung des Kaufhofs in Mühlheim an der Ruhr. Gediegenheit und Ordnung prägen das Bild. Rechts hinterm Tresen, adrett im hochgeschlossenen Kleid: Ina Heil, später Metzen. Wir schreiben 1939. Sie ist 18, schon für den Einkauf verantwortlich. Eine ehrgeizige junge Frau, die wenig später zur Abteilungsleiterin aufsteigt. Die 1879 mit Sitz in Köln gegründete Kaufhof AG zählt schon vor dem Krieg zu den deutschen Warenhausgiganten.

Werner Metzen sen., Vertreter. Auf einer Messe in Leipzig trifft er Ina. Hochzeit 1942. Er ist im Textilhandel erfolgreich und bringt es schon kurz nach dem Krieg zu Wohlstand. Dennoch zieht er mit seiner Familie rastlos durch Deutschland. „Ein unruhiger Geist", sagt seine Frau. Die Ehe hält 34 Jahre. Mit seinem Sohn wird er sich später überwerfen: Es geht - natürlich um Geld. - Der Junior fühlt sich bei einem gemeinsamen Geschäft übervorteilt. Vielleicht sind sich die beiden zu ähnlich

Niederbreisig, Koblenzer Straße: Ina Metzen vor dem Haus, in dem sie von 1942 bis 54 mit ihrer Familie lebt. Werners erstes Zuhause.

Gutbürgerlich. Rechts der Autoladen mit Werkstatt, in dem Werner später gern herumstrolcht

Klein-Werner auf dem Arm von Kindermädchen Gertrud. Sie gehört mit zur Familie. Der Vater hat sie eingestellt, damit es den Kindern nicht an Zuwendung mangele. Er selbst ist nur an den Wochenenden zu Hause, Mutter Ina, tagsüber mit dem Organisieren von Lebensmitteln beschäftigt: Deutschland lebt in jenen bitteren Nachkriegsjahren „auf Bezugsschein"

Gruppenbild mit Knabe: Die Metzen-Kinder Karin, Werner und Monika (von links) im Sommer 1946. Nesthäkchen Werner genießt es, von den Schwestern bemuttert zu werden. Schon bald verdüstert ein Schicksalsschlag das Kinderglück

Mittelrhein Kurier

NUMMER 15 / ERSTER JAHRGANG — Herausgeber: A. T. Veit, Bad Ems / Erscheint: Dienstag, Donnerstag und Samstag — DONNERSTAG, DEN 6. SEPTEMBER 1945

Mehr Selbstvertrauen

Zu dem Aufgabenkreis des Journalisten gehört nicht nur die Versorgung des Leserkreises mit den neuesten Nachrichten, er muß durch sein gedrucktes Wort auch eine Art Tuchfühlung mit diesem herstellen und aufrechterhalten. Die Existenz einer solchen Tuchfühlung geht am eindrucksvollsten aus den Zuschriften aus dem Leserkreis hervor. Seien es nun Wünsche oder Beschwerden, Kritiken oder unverlangt eingesandte Artikel, stets enthalten sie das, was der Leser auf dem Herzen hat, nehmen, ob positiv oder negativ, kein Blatt vor den Mund und reden in unmißverständlicher Form von den Sorgen, Nöten und Widersachern, von denen der Einsender sich in die Enge getrieben wähnt, mit denen er sich fortwährend auseinandersetzt und deren Notz er offenbar vergeblich zu entrinnen sich bemüht. Man spürt dann als Zeitungsmann geradezu die Erleichterung, die sich der Einsender damit verschafft, indem er sein Herz ausschüttet, sich den Groll von der Leber wegschreibt, sich „Luft" macht. Diese Einsendungen sind ebenso wie die mündlichen Stimmen, die der Journalist — gleichsam wie der Arzt mit dem Hörrohr den Patienten abhorchend — aus dem Publikum gewinnt, ein wichtiges Barometer für dessen augenblicklichen Zustand. Diesen Zustand zu ignorieren wäre ebenso unklug wie widersinnig, denn der Journalist und mit ihm die Zeitung überhaupt erhalten ihre Existenzberechtigung und ihr Aufgabengebiet einmal aus den Bedürfnissen des Publikums selbst, zum anderen haben sie beide der Wohlfahrt des Volkes zu dienen und sie nicht nur für den Augenblick, sondern auch auf weite Sicht hinaus zu vertreten.

Es ist verständlich, daß ein Volk wie das unsrige in seiner dunkelsten Stunde, angesichts eines verlorenen Krieges, dem es jahrelang unter unvorstellbaren Entbehrungen und Leiden die unglaublichsten Opfer in sinnloser Weise völlig umsonst bringen mußte, daß dieses Volk sich zunächst in endlosen Selbstvorwürfen aufreibt und verzehrt. Seit jenem Zusammenbruch sind aber nun vier Monate vergangen. Jeder hatte also übergenug Gelegenheit, die traurigen, beschämenden Ereignisse für sich abzurea… Jetzt ist es nachgerade an der Zeit, mit den ewigen Selbstanklagen, mit Gewinsel, Genörgel, ja auch Geschimpfe endlich ein für allemal Schluß zu machen und sich auf den realen Boden der Tatsachen zu stellen. Aus einem Minderwertigkeitskomplex heraus ist noch niemals ein Aufbau, eine Gesundung möglich gewesen. Es ist notwendig, daß jeder endlich aus seiner oft geradezu grenzenlosen Lethargie erwacht, daß er endlich wieder das Leben und den Alltag anpackt, wo sie angepackt werden müssen. Für Schlafmützen wie für Böswillige ist heute kein Platz mehr, das werden diese schon bald genug selber merken. Aus den vor uns liegenden Zuschriften wie aus den Stimmen aus dem Publikum ist leider zu erkennen, daß man vielfach noch nicht begriffen hat, um was es gegenwärtig überhaupt geht. Niemand kann erwarten, daß das Gewesene auch nur entfernt in irgendeiner Form jemals wiederkehren wird. Dafür sorgt allein schon der unbestechlich unverrückbare Ablauf der Weltgeschichte, deren gründliches Studium wir zu unserem eigenen Unheil in den letzten 12 Jahren so nachhaltig verabsäumten.

Gegenwart und Zukunft können wir nur meistern, wenn wir auch den letzten alten Staub und Plunder abschütteln und statt ihrer entschlossen das Neue aufnehmen. Dies bedeutet für viele zweifellos eine außerordentliche Einschränkung und Einengung gegenüber früheren Verhältnissen. Hatte es aber nicht jeder selbst in der Hand gehabt, auch in den verflossenen 12 Jahren für eine wirkliche Freiheit zu kämpfen und nicht für eine vorgetäuschte? Wir können jedem daher nur zurufen: bringt euren Laden endlich in Ordnung, und zwar selber, denn er wird nie von allein wieder laufen. Und denen, die ehrlichen Willens, aber noch ungläubig und zaghaft sind: habt mehr Zutrauen zu euch selbst, geht mit Selbstvertrauen und Schwung an die Arbeit, packt endlich mit an am Wiederaufbau! W. Heybrock.

Riesige Arzneischiebung aufgedeckt

Hunderttausende gewissenlos dem Tode preisgegeben

München, 6. Sept. In Bayern entdeckten amerikanische Soldaten in 6 Kellern einer Brauerei ein Arzneimittellager der IG.-Farben im Werte von 10 Millionen Reichsmark. Es handelt sich um Medikamente, die in Deutschland während des Krieges dringend benötigt wurden und die nicht mehr zu haben waren. Es dürfte bereits jetzt feststehen, daß das Lager von Nazis angelegt wurde, die damit Auslandschmuggel betreiben wollten, um sich Devisen zu beschaffen.

*

Die Auffindung des riesigen Arzneimitteldepots in Süddeutschland, bei dem es sich um Millionenwerte handelt, wirft noch einmal ein grelles Schlaglicht auf die skrupellosen Methoden, deren sich die Vertreter eines überwundenen Systems bedienten, während sie sich gleichzeitig nach außen hin als die leuchtendsten Heroen von „Blut und Ehre" aufspielten. Mancher von uns hatte bereits geahnt oder gar gewußt, daß sich hinter dieser Maske gewissenlose Verbrecher übelster Art verbargen. Auf echte Gangsterweise wurde aber jeder, der derartige Fälle zur Anzeige brachte, kaltgestellt oder gar unschädlich gemacht. Dies war sehr leicht durchführbar, da jene Verbrecher und die Sachbearbeiter der Untersuchungsbehörden ein und demselben Verein angehörten. Es sind schon lange vor dem Kriege viele Tausende von Fällen bekannt geworden, in denen sich auf solche schmähliche Weise Betrogene ostentativ von der „Partei" zurückzogen, allerdings mit dem Erfolg, daß diese dadurch nur noch mehr zu einem Instrument des Mißbrauchs seitens charakterloser, wenn nicht krimineller Existenzen wurde.

Die Medikamente, die jetzt tonnenweise von amerikanischen Soldaten ans Tageslicht befördert wurden, zeigen darüber hinaus aber auch, in welch teuflischer Weise man sich am deutschen Volk selbst vergangen hat: man entzog ihm und seinen Hunderttausenden von Kranken und Verwundeten die notwendigsten Arzneistoffe und lieferte damit Hunderttausende eigener Volksgenossen buchstäblich dem Tode aus, nur um der eigenen Profitgier willen. Ein solches Verbrechen, das bisher wohl einzig in der unwürdigen Geschichte des vergangenen Systems dasteht, kann nicht scharf genug gebrandmarkt werden. Das deutsche Volk wird diese Schandtat nie vergessen und erwartet, daß die Schuldigen bereits dingfest gemacht sind und ihrer gerechten Strafe nicht entgehen.

Hitlers Einkommen 60 Millionen RM.

Frankfurt a. M., 6. Sept. Aus bestimmten Gründen wurde bisher geheimgehalten, daß Adolf Hitler ein Einkommen von 26 480 000 RM. hatte. Sein Einkommen erhöhte sich im Kriege auf 60 Millionen RM.

Gedenktag für die Opfer des Nazi-Terrors

Berlin, 6. Sept. Am 9. 9. 45 findet in Berlin ein Gedenktag zu Ehren der Opfer statt, die durch den Nationalsozialismus für die Freiheit Deutschlands in Konzentrationslagern und Gefängnissen umkamen. Es werden katholische und evangelische Gottesdienste sowie eine gemeinsame Kundgebung abgehalten.

Gesuchter Nazi festgenommen

Salzburg, 6. Sept. In einem kleinen Gebirgsdorf bei Salzburg wurde der ehemalige SS-Brigadeführer und Gauinspekteur Moselland Josef Ackermann festgenommen. Ackermann war seit 1925 Mitglied der NSDAP.

Die Tangerfrage wieder aufgerollt

Paris, 6. Sept. Vertreter der Vereinigten Staaten, Großbritanniens und Frankreichs haben ein vorläufiges Abkommen geschlossen über die Rückführung Tangers in den Status vor der spanischen Besetzung. Es wird erwartet, daß Spanien, das die Hafenstadt besetzt hat, den Ansprüchen nachkommen wird.

Nach einer weiteren Meldung kam man überein, daß Großbritannien, die Vereinigten Staaten, die Sowjetunion und Frankreich die Zone von Tanger verwalten sollen. Spanien wurde ersucht, Tanger zu räumen. „Daily Telegraph" hebt hervor, daß die Besetzung Tangers durch Spanien im Jahre 1941 völlig ungesetzlich war. Tanger hat große strategische Bedeutung. Dieser Schritt Spaniens mußte deshalb umsomehr Verbitterung hervorrufen. Man beabsichtigt, Spanien nunmehr den Eintritt in die Vereinten Nationen zu verweigern.

Persien protestiert in Moskau

Moskau, 6. Sept. In Moskau wurde eine Protestnote der persischen Regierung vorgelegt für die Bewegungsfreiheit der persischen Polizei und Soldaten. In Nordpersien waren Unruhen ausgebrochen, bei denen russische Truppen eingegriffen hatten.

Byrnes reist nach London

Washington, 6. Sept. Der amerikanische Außenminister Byrnes hat sich auf dem Seeweg nach London begeben, um an einer Tagung der Vereinten Nationen teilzunehmen.

Die UNRRA.-Mittel erschöpft?

Washington, 6. Sept. Der Leiter der UNRRA. erklärte, daß bis Ende des Jahres die Mittel wahrscheinlich erschöpft sein werden, wenn nicht neue Zuschüsse erfolgen. Er machte den Vorschlag, daß alle Länder, die nicht von Deutschland besetzt waren, 1 Prozent ihrer Staatseinkünfte von 1943 abgeben sollten.

Kanada verkaufte der UNRRA Armeefahrzeuge, die zur Einbringung und Verteilung der Ernte in Polen und der Tschechoslowakei verwandt wurden.

Der Wiederaufbau in England

London, 6 Sept. In England wird die Demobilisierung der britischen Streitkräfte ins Auge gefaßt. Man strebt die sofortige Rückkehr möglichst aller Heeresangehörigen, insbesondere der Fabrikarbeiter der Großindustrie, ins zivile Leben an, da deren Hilfe zum Wiederaufbau unerläßlich ist. Zum Wiederaufbau in England werden mindestens 500 000 Arbeiter aus dem britischen Heer benötigt.

Alliierte Beratungen in Bukarest

Bukarest, 6. Sept. In Bukarest findet gegenwärtig eine Konferenz der Alliierten Kontrollkommission statt, an der britische, amerikanische und sowjetrussische Abgeordnete teilnehmen. Gegenstand der Beratungen ist die Erhöhung der Lebensmittelrationen.

Japans Besetzung und Verwaltung

Tokio, 6. Sept. Bisher haben die amerikanischen Truppen rund 1 800 qkm Land an der Bucht von Tokio besetzt. Jetzt rollen schwere amerikanische Panzer und Geschütze durch die Straßen Yokohamas zum Sammelplatz für den Einmarsch in Tokio.

General McArthur wird einen Vier-Mann-Rat bilden. Je ein Vertreter von China, Sowjetrußland, Großbritannien und Amerika werden in allen Fragen der Verwaltung Japans McArthur zur Seite stehen. Der amerikanische Vertreter wird General Nimitz sein.

Japan steht jetzt einem schweren Problem gegenüber. Es wird 4 Millionen Arbeitslose geben und die Lebensmittel werden herabgesetzt werden müssen.

Aufruf des japanischen Ministerpräsidenten

Der Ministerpräsident forderte das Volk in einer öffentlichen Erklärung auf, in Demut den Anordnungen der Alliierten Folge zu leisten.

McArthur in Tokio

Tokio, 6. Sept. McArthur hat sich nach Tokio begeben, um hier mit Vertretern der Alliierten zusammenzutreffen.

13 000 Mann amerikanischer Truppen sind in Yokohama gelandet. Weitere Formationen werden heute und morgen an Land gesetzt.

Auf einer Konferenz legte Admiral Nimitz Pläne dar, um die Besetzung Japans an zahlreichen Plätzen zu beschleunigen.

Versorgung der alliierten Kriegsgefangenen

Hongkong, 6. Sept. Hier traf ein Schiff mit Lebensmitteln und Medikamenten für die alliierten Kriegsgefangenen ein.

Gliederung der Mandschurei

Tschungking, 6. Sept. Die Mandschurei wird in neun Provinzen aufgeteilt an Stelle der bisher vorhandenen drei.

Siegesfeier in China

Tschungking, 6. Sept. Tschungking begeht anläßlich der japanischen Kapitulationsunterzeichnung eine dreitägige Siegesfeier.

Die englische Agentur Reuter meldet die Bildung eines Kabinetts aller Parteien in Tschungking.

Generalissimus Tschiangkaischek erklärte, China müsse ein Musterland der Demokratie im Osten werden.

Demokratie

Demokratie heißt wörtlich aus dem Griechischen übersetzt „Volksherrschaft". Das Fremdwort bedeutet hier aber nicht nur die zufällige Entnahme einer Bezeichnung aus einer fremden Sprache, sondern kennzeichnet auch den Kulturkreis, in dem die uns näher bekannten Anfänge des Begriffes früher praktisch durchgeführt wurden.

Der demokratische Gedanke ist im Wesentlichen ein Erbe des griechischen Geistes, ein Erbe, aus dem sich in einer viele Jahrhunderte währenden, oft lange unterbrochenen Entwicklung die moderne Demokratie gebildet hat. Im alten Griechenland ist auch die dreifache Beziehung in der Auffassung des öffentlichen Lebens entstanden, den die Demokratie kennzeichnet, nämlich Staatsform, Parteirichtung und Gesellschaftsauffassung. Diese drei Beziehungsformen sind untereinander untrennbar verbunden, greifen auch in ihrem Ideengehalt und in ihrer praktischen Auswirkung oft ineinander über, haben aber jede für sich selbständige Grundlinien und sind selbständig zu betrachten.

Zunächst die Demokratie als Staatsform. Begrifflich ist diejenige Staatsform als Demokratie zu bezeichnen, deren Verfassung die Staatsgewalt in die Hände der Gesamtheit der mündigen Staatsbürger legt. Diese Begriffsbestimmung erhellt schlaglichtartig, warum der Entwicklung der Demokratie des Altertums Grenzen gesetzt waren, die erst in der modernen Demokratie überwunden wurden; denn der Begriff der Mündigkeit ist ursprünglich nicht gleichbedeutend mit Volljährigkeit, sondern mündig war nur derjenige, der „Stimme" hatte, und die Staatsbürgerschaft besaß in vielen Staaten nur ein Teil der Staatseinwohner. So hatten Unfreie und Halbfreie weder „Stimme" noch besaßen sie die Staatsbürgerschaft. Im Wesentlichen unverändert bis heute hat sich aber die begriffliche Abgrenzung der Demokratie zu anderen Staatsformen erhalten. Im Gegensatz zur Demokratie als Staatsform steht die Oligarchie, bei der die Staatsgewalt in den Händen einer bestimmten Gruppe von Staatsbürgern liegt, und die Diktatur, bei der ein Einzelner die unbeschränkte Herrschaft ausübt. Auch die Monarchie steht allgemeinbegrifflich im Gegensatz zur Demokratie. Sie schließt das Vorhandensein einer demokratischen Staatsform nicht aus, wenn die Rechte des Monarchen die Staatsgewalt aus den Händen der Gesamtheit des Volkes nimmt.

Die Demokratie ist entweder eine unmittelbare oder eine mittelbare. Bei der unmittelbaren übt die Gesamtheit des Volkes die Staatsakte durch Abstimmungen selbst aus. Sie ist nur in kleinen Staatswesen möglich und besteht heute nur noch in einigen Kantonen der Schweiz. Bei allen größeren Demokratien hat sich die mittelbare oder repräsentative Form ausgebildet, bei der das Volk die Staatsgewalt durch gewählte Vertreter ausübt. Die Gesamtheit des Volkes wird hier durch ein Parlament vertreten. Der Gedanke der Vertretung überhaupt, ganz allgemein die Möglichkeit, daß ein Mensch oder eine Mehrzahl von einem anderen vertreten werden könnte, ist keine ursprüngliche Erkenntnis, sondern hat sich erst in einer langen Kulturentwicklung herausgebildet. In dem Worte Parlament liegt nicht nur enthalten, daß in ihm, wie die wörtliche Uebersetzung sagt, gesprochen wird, sondern das Wort erinnert an die „Mündigkeit". Es bedeutet auch in einem weiteren Sinne, daß in ihm die Stimme des Gesamtvolkes zur Geltung kommt.

Als Parteirichtung ist die Demokratie die Ausdrucksform derjenigen politischen Par-

Fremde Frau im Zirkus Bruck

ROMAN VON HERBERT STEINMANN

14

Peter Bruck hat die Augen geöffnet. Und diese ernsten grauen Augen sehen sie an, verwundert, erstaunt, verwirrt und fiebrig.

Langsam wandert der Blick des Kranken zu dem vertrauten Antlitz des Arztes hinüber. Und langsam, ganz langsam versucht Peter Bruck den blonden Kopf zu schütteln. Leicht fällt die verwegene Locke in die Stirn.

„Doktor, ich habe wohl noch hohes Fieber", flüstern die trockenen Lippen, „ich sah eben jemand, der garnicht da sein kann!"

Beruhigend streicht die Hand des Arztes behutsam über den blonden Schopf des Juniorchefs.

„Es ist niemand weiter da, als Fräulein Brandt, meine neue Assistentin und dann natürlich Wilma — Wilma ist auch da —"

Die Tigerbändigerin scheint auf dieses Stichwort nur gewartet zu haben. Wieder tritt sie näher.

„Ja, ich bin da, Peter!" Scheu huscht ihre Hand streichelnd über die Rechte des Kranken, die auf der weißen Bettdecke ruht. „Kann ich irgend etwas tun für Sie, Peter?"

Der Kranke schließt wieder die Augen. Sein letzter Blick hat noch einmal die stille Assistentin Dr. Helmersens gestreift.

„Es ist sehr lieb, Wilma", murmelt er, „aber ich möchte schlafen, schlafen — nur schlafen — —!"

Fragend blicken die beiden Frauen auf den Arzt. Dr. Helmersen nickt.

„Das ist in der Tat das Beste, was er tun kann", erklärt er. „Die Krise scheint schon abgeklungen. Die nächsten vierundzwanzig Stunden werden entscheiden. Wenn dann nicht noch Komplikationen eintreten, bekommen wir ihn bald wieder auf die Beine. Hoffe ich. Heute nachmittag sehen wir uns mal seine Wunden an. Wir müssen frisch verbinden. Aber jetzt, Fräulein Brandt, müssen wir uns einmal um unsere Patienten aus der Tierwelt kümmern."

Noch einen letzten Blick kann Helga Bruck auf ihren Mann werfen, ehe sie den Wohnwagen verläßt.

Er atmet tief und ruhig im festen Schlaf. Und er sieht aus wie ein großer trotziger Junge, der sich müde gespielt hat…

Direktor Georg Bruck hat nicht aus einer Laune heraus gehandelt, als er die kleine Gruppe, die auf dem Wege zum Wohnwagen des kranken Juniorchefs war, plötzlich verließ. Die Andeutung, die der besorgte Jan Steen über das seltsame Treiben Max Quaddes im Dienste Peters machte, gehen Georg Bruck nicht aus dem Kopfe. So hat er mit der kurzen Entschlossenheit, die ihn auszeichnet, zugepackt.

Ein besonderer Verschlag des Pferdestalles, ein fensterloser Raum gilt ein und allemal als Hauptquartier und Werkstatt Max Quaddes. Eine einzige Glühbirne, die schirmlos an dem Draht von der Decke herabhängt und immer leicht hin und herpendelt, leuchtet, so gut sie kann, auf die „Inneneinrichtung" hinab, auf einen großen Tisch, der beim Verladen jedesmal den Protest der damit beschäftigten Bereiter und Musikanten hervorruft, herrscht ein wildes Durcheinander von allerlei Werkzeugen, von Hämmern und Zangen, Schlüsselbunden und Feilen, Putzlappen und Oelkännchen, und vielem anderen, was sich dem staunenden Blick nicht gleich enthüllt. Im krassen Gegensatz dazu steht ein gewaltiger, beinahe eleganter lederner Schrankkoffer, den Quadde sorgsam unter Verschluß hält. Im Hintergrund steht ein mit sauberen Decken versehenes Feldbett, davor ein Hocker „orientalischen" Stils, der wegen des Fehlens einiger seiner hervorragendsten Ornamente für Pantomimen und Zirkusschauspiele nicht mehr dekorativ genug ist. So dient er jetzt hier, vergangenem Glanz nachtrauernd, als Tischchen. Zurzeit bedecken ihn ein Paar Sporen, eine angerissene Zigarettenpackung und eine Tüte mit Hustenbonbons, daneben liegt die Ledermütze, die Quadde in seiner Eigenschaft als Lenker des blauen Autos getragen hat. In einer dunklen Ecke steht, nachlässig mit einem darübergeworfenen bunten Schal bedeckt, eine uralte Schreibmaschine.

Der Besitzer all dieser Herrlichkeiten kommt gerade mit dem Handtuch über dem Arm von der Pumpe vor dem Pferdestall her. Sein häßliches Mopsgesicht verzieht sich nicht um einen Millimeter, als er vor der Tür seines Verschlages mit Direktor Georg Bruck zusammentrifft.

„Kann ich da einen Augenblick mit Ihnen eintreten, Quadde, ich hätte Sie etwas zu fragen", sagt der Herr des Zirkus Bruck in jenem leichten und höflichen Ton, der Unkundige gar zu leicht zu täuschen vermag. Quadde wirft ihm einen kurzen Blick zu. Er kennt ja den „Alten", wenn er so höflich fragt, ist irgend etwas faul, dann steht das Barometer auf Sturm. Und so ist Max Quadde denn gewarnt…

Inzwischen schiebt er dem Besucher einen großen, schon arg mitgenommenen Ledersessel hin und lehnt sich erwartungsvoll gegen den vollbeladenen Arbeitstisch. Aber Bruck macht keinen Gebrauch von der Sitzgelegenheit. Mit kurzen Schritten durchmißt er den Raum, plötzlich bleibt er unmittelbar vor dem Leibgardisten seines Sohnes stehen. Sein Atem geht schwer. Der bläuliche Schimmer der Lippen vertieft sich.

„Quadde, Ihr Verhalten gefällt mir in der letzten Zeit weniger denn je. Wenn Sie nicht so lange schon bei uns wären und mein Sohn nicht immer so für Sie einträte, ich hätte Sie längst entlassen."

Das häßliche Mopsgesicht des Chauffeurs bleibt unverändert starr. Aber in die dunklen Augen kommt ein kleines kampflustiges Funkeln. (Fortsetzung folgt)

J

1945
Deutschland im Jahr Null

Der Krieg ist verloren, aber das Reich bäumt sich noch einmal auf: Großangriffe der Luftwaffe, Ardennenoffensive. Im Gegenzug wird Dresden in Schutt und Asche gelegt. Und ein Strom von Millionen Flüchtlingen wälzt sich gen Westen.

Als am 7. Mai die Kapitulation unterzeichnet wird, sind Deutschlands Städte zerbombt, seine Wirtschaft liegt darnieder, die Menschen hungern.

Einen Monat, bevor Werner das Licht dieser traurigen Welt erblickt, am 6. August, werfen die Amerikaner über der japanischen Stadt Hiroshima die erste Atombombe ab.

In Deutschland leben Millionen in Baracken und Kellern. Krankheiten breiten sich aus. Aber auch Kultur und Unterhaltung erheben sich aus der Asche: Bühnen eröffnen den Spielbetrieb wieder, in der US-Besatzungszone wird um die süddeutsche Fußball-Meisterschaft gespielt. Weihnachten 45: Die Gabentische sind nur bei Schwarzhändlern reich gedeckt.

Auch die Metzens hoffen auf eine bessere Zukunft.

Was hat dieses Kind das andere nicht haben?

Der Charakter eines Menschen, soweit er nicht zu einem geringen Teil als Erbe übernommen ist, wird in den ersten Lebensjahren geprägt.

Sagt Sigmund Freud.

Die Welt des kleinen Werner Metzen im linksrheinischen Breisig ist so ganz anders als die Welt da draußen im zerbombten Deutschland. Sie ist voller Wärme, Sicherheit. Stilles Glück in der Koblenzer Straße, wo die Eltern eine gemütliche Mietwohnung haben. Selbst im „Jahrhundertwinter" 46/47 geht hier der Ofen nicht aus.

Werner Metzen sen. ist unter der Woche für eine Wuppertaler Textilfirma auf Reisen. Verdient überdurchschnittlich: Jedes Jahr schafft er ein neues Auto an, einen Opel P4. Die Metzens gehören zu den ersten im Ort, die einen Fernseher haben. Mutter Ina war mit 18 bereits Abteilungsleiterin bei Kaufhof in Mühlheim an der Ruhr. Erfolg ist selbstverständlich im Hause Metzen.

Gertrud, das Kindermädchen, versorgt den Familiennachwuchs. Als sie selbst ein Kind bekommt, bestaunt Werner den zahnlosen Säugling und bietet ihm selbstlos seine eigenen Zähne an. „Damit er nicht verhungert." Später, als „Ramschmillionär", wird er freizügig eine Horde von Schmarotzern durchfüttern und Bettlern Hundertmarkscheine zustecken.

Die ein Jahr ältere Schwester Karin erinnert sich an frühe Geschäftstüchtigkeit: „Für die Gute-Nacht-Geschichten, die er mir erzählte, verlangte er jedesmal Geld oder Süßigkeiten."

Im benachbarten Autohaus räumt Klein-Werner die kostenlosen Reklamepostkarten ab und verkauft sie vorm Laden an amüsierte Kunden. Für´n Groschen das Stück.

Er bringt sich selbst im Rhein das Schwimmen bei und erweist sich nach seiner Einschulung als überdurchschnittlich rechenbegabt.

Sein Berufswunsch steht bald fest. „Verkaufen - wie der Papa!"

Er tut sich als talentierter Charly-Chaplin-Imitator hervor und betreibt einen schwunghaften Tauschhandel mit Comic-Heften.

Und dann der erste Tiefschlag: Das Gymnasium im badischen Oberkirch, wo die Familie im Verlauf einer schier endlosen Serie von Umzügen gelandet ist, schickt den Jungen nach achttägiger Probezeit zurück auf die Hauptschule. Der Französischlehrer hatte sich über Werners Sprachbehinderung mokiert.

Die Kinderseele ist verletzt. Der Zehnjährige schließt Freundschaft mit Anna, einer gleichaltrigen Bauerntochter, hilft begeistert auf deren elterlichen Hof und schwört einer akademischen Laufbahn ab. Später wird er mal grimmig feststellen: „Was ist Schuldbildung wert? Nichts! Erfolg hat mit Genie und Fleiß zu tun, nicht mit Noten."

Werner mit Strickmütze und Strampelanzug. Ideal jeder Mutter: ein unproblematisches Kind

1949 - Klein Werner mit Toto

Werner ist vier und das, was man „ein süßes Kind" nennt. Er hat seidenweiche Locken, große Kulleraugen und Pausbacken. Im Arm hält er Toto, seinen großen Stoffhund, ein Weihnachtsgeschenk seiner Eltern.

Werner stottert. Später wird er diese Behinderung - mit seinem Sinn für Theatralik - auf einen „Narkoseunfall während einer Kiefernoperation" zurückführen. Die Mutter meint aber, der durch den Tod seiner älteren Schwester hervorgerufene Schock sei der Auslöser gewesen.

Jungfrau Werner Metzen
(24.8.–23.9.)
Was der Astrologe sagt

Kinder, die im Zeichen der Jungfrau (24. August bis 23. September) zur Welt kommen, sind zurückhaltend, aber nicht schüchtern. Wenn sie sich jedoch etwas in den Kopf gesetzt haben, lassen sie sich durch nichts mehr von ihrem Vorhaben abbringen.

Jungfrau-Kinder halten ihr Gefühlsleben vor anderen verborgen, ihre Sehnsucht nach Liebe und Zärtlichkeit verstecken sie hinter einer Maske aus scheinbarer Ernsthaftigkeit. Sie sind praktisch veranlagt, machen gerne Tauschgeschäfte und lassen sich dabei selten übervorteilen.

Der Jungfrau-Mann legt Wert auf Ordnung, Sauberkeit und Pünktlichkeit. Chaos ist ihm ein Greuel. Wenn er auf ein berufliches Ziel zusteuert, ist er nahezu unbegrenzt belastbar und bringt es deshalb im Beruf häufig zu Spitzenpositionen. In Gelddingen kalkuliert er manchmal zu großzügig. In der Liebe ist er eher unentschlossen. Es dauert lange, bis er sich auf Dauer bindet. Beim Sex läßt er sich viel Zeit

Gefahren für die Jungfrau: Erkrankungen des Darms, der Bauchspeicheldrüse.
Interessen: Technisches Spielzeug, modische Kleidung, Sammeln von Gegenständen.
Was er haßt: Frauen, die an ihm herumnörgeln.

Schickalsschlag für die Familie

2. März 1947. Eine große Trauergemeinde geleitet Werners älteste Schwester Monika zu ihrer letzten Ruhestätte auf dem Friedhof von Rheineck.

Das Mädchen mit den großen braunen Augen und langen dunklen Locken wurde nur vier Jahre alt. Todesursache: Mittelohrentzündung. Ein Nachkriegs-Kinderschicksal. Im zerstörten Deutschland fehlten Medikamente, besonders das lebenrettende Penicillin. Schieber handelten das Antibiotikum auf dem Schwarzmarkt. Am 6. September 1945, Werners Geburtstag, lautete die Schlagzeile der Zeitung Mittelrhein Kurier: „Riesige Arzneischiebung aufgedeckt - Hunderttausende gewissenlos dem Tod preisgegeben" (Seite 13). Den Schriftsteller Graham Greene inspirierte dies zu dem Bestseller „Der dritte Mann" (1949 verfilmt mit Orson Welles). Erst 1950 konnte die Hoechst AG in Frankfurt am Main den Penicillin-Bedarf Deutschlands - mit großen Mengen monatlich - wieder decken.

Zu spät für Monika.

Enteignungen im Osten ...

September 45: In der Sowjet-Zone beginnt die Bodenreform mit der Enteignung von Großgrundbesitzern. Fast ein halbes Jahrhundert später wird Metzen in der untergegangenen DDR Immobilien sammeln.
Im Westen beauftragt die britische Militärregierung das Wolfsburger Volkswagen-Werk mit der Lieferung von 20.000 Pkw. Es sind zwar noch die alten „KdF"-Kübelwagen, doch aus ihnen geht bald der „Käfer" hervor.

... und im Westen rollt der Käfer

Mutter Metzen kramt im Schuhkarton

Auf den folgenden Seiten sehen Sie Fotos aus der Zeit, als Werner noch ein Dreikäsehoch war. Seine Mutter hat den Schuhkarton hervorgeholt, in dem sie die frühen Bilder ihres Sprößlings aufbewahrt

Bitte schön! Hier sind 10 Doku...
„Mein lieber Junge, warum hast Du später in...

Das bin ich mit Werner und Karin vor dem Kindergarten. Sind sie nicht süß, die beiden?

Ein seltenes Foto. Mein Mann mit Karin und Werner. Das habe ich aufgenommen. Na ja, vielleicht hätte ich die Kamera anders halten sollen. Damals haben wir jeden Sonntag kleine Ausflüge am Rhein gemacht

Hier sehen wir die beiden noch einmal, aufgenommen bei einem Spaziergang

Und das bin ich mit den beiden. Mein Mann hat das Bild geschossen, er war leidenschaftlicher Hobbyfotograf

Unser erstes Auto - ein Opel. Daneben ste... Deshalb verstehe ich gar nicht, warum Wer...

...nente einer unbeschwerten Kindheit
...ner das Märchen vom armen Elternhaus erzählt?"

Und noch einmal Werner und Karin. Da tragen sie neue gestrickte Sachen, die wir bei einer Dame in Rheineck anfertigen ließen. Alles in Rot. Sehen sie nicht schick aus?

An der Tankstelle in Bad Breisig. Das Auto war ein beliebtes Motiv damals. Wir waren auch ein bißchen stolz darauf. Bedenken sie: Das Kriegsende lag erst ein paar Jahre zurück

Herbstausflug am Rhein. Wann war das nur? Werner ging noch nicht zur Schule, aber er konnte schon rechnen und ein bißchen lesen

Wieder beim Spaziergang am Rhein. Im Hintergrund erkennt man das gegenüberliegende Bad Hönningen. Doch, eine schöne Zeit war das. Wir haben viel unternommen...

...Mann und Werner. Ja, schlecht ging es uns nicht. ...immer sagte, er komme aus ärmlichen Verhältnissen

Ausflug in die Eifel mit Freunden. Meistens sind wir irgendwo eingekehrt. Werner war ein lieber Junge, den man überall hin mitnehmen konnte

Gemeinsame leibliche Kinder der Eheleute,
deren Eheschließung auf Seite 4–5 beurkundet ist: **Drittes Kind**

Geburtsurkunde

E 1

(Standesamt Andernach-Stadt Nr. 148)

Werner Josef Metzen

ist am 6. September 1945

in Andernach geboren.

Vater: Werner Josef Metzen, Kaufmann,
katholisch

Mutter: Anna Metzen geborene Heil,
katholisch

beide wohnhaft in Niederbreisig

Änderungen der Eintragung:

Andernach, den 11. September 1945

Der Standesbeamte
In Vertretung
Busch

(Siegel)

Gebühr
RM —,60
bezahlt
Nr. 1373

Änderungen der Eintragung in obiger Geburtsurkunde:

Eheschließung am _____ in _____
(Standesamt _____ Nr. _____)
Tod am _____ in _____
(Standesamt _____ Nr. _____)

11

→ Ein Junge bestaunt den Luxus - im Hotel der Millionäre ←

Der kleine Werner macht große Augen. Die Eltern haben ihn zum Schloßhotel Bühlerhöhe bei Baden-Baden mitgenommen. Ein Ausflug in die Welt der Reichen. Er ist beeindruckt vom Glanz der Spiegel, von den dicken Teppichen, der vornehmen Gesellschaft. Das Haus gehört Max Grundig, einem der großen Unternehmer der Nachkriegszeit. Filmstars, hohe Politiker und millionenschwere Geschäftsleute steigen in seiner Herberge ab. Es ist die erste Begegnung Werners mit dem Luxus.

Abstecher zum Schloßhotel Bühlerhöhe (oben). Links: Werner mit Eltern und Schwester Karin, auf dem Arm ein Löwenbaby. Das Foto entstand anschließend in einem Safaripark bei Bühl

Die Metzens ziehen um: Sechsmal in zehn Jahren

Es ist eine rastlose Odyssee.

- Werner ist neun, als die Familie zum ersten Mal den Wohnsitz wechselt. Von Breisig nach Bruchsal. Ein Kulturschock. Der badische Dialekt klingt fremd in seinen Ohren. Er verkriecht sich in sein Zimmer, schmökert stundenlang in Comics. In der Schule läßt er nach. Schlechte Noten in Deutsch.
- Mit elf zieht Werner wieder um, diesmal nach Oberkirch, Schwarzwald. Hier kommt Schwester Barbara zur Welt; Werner entdeckt seine Liebe fürs Landleben. Freundschaft mit Landwirtstochter Anna. Von ihr fühlt er sich verstanden. „Auf dem Gymnasium wollen sie mich nicht haben", erzählt er. „Wegen dem Stottern." „Komisch", sagt sie. „Das ist mir noch gar nicht aufgefallen."
- Zwei Jahre später, 1958: Zurück nach Bruchsal. Werner „baut" seinen Hauptschulabschluß und geht zu Karstadt nach Karlsruhe in die Lehre. Azubi-Pendler mit 31 Mark im Monat.
- 1961. Werner ist 16 und zieht mit der Familie nach Namedy (bei Andernach). Im Bad Godesberger Kaufhaus Kaufstätte avanciert er in nullkommanix zum Substituten, übernimmt vertretungsweise die Filiale in Prüm (Eifel). Unter seiner Regie jagt die Umsatzkurve nach oben. Plus 50 Prozent! Und er entdeckt sein Talent als Verkäufer! Werner wird „Twistkönig" beim örtlichen Kirmes-Wettbewerb und richtet sich im Keller eine Disko ein.
- Drei Jahre später: Emmelshausen (Rheinland-Pfalz). Er macht Karriere, bekommt einen guten Verkäufer-Job bei Hettlage.
- 1965 zieht die Metzen-Karawane weiter - zurück nach Andernach. Werner, nunmehr 20, ein gutaussehender Bursche mit besten Manieren, hat den Kopf voller Visionen. Die wichtigste: „Ich werde Millionär!"

Werner geht zum Grenzschutz (die zahlen nämlich viel besser)

Eine staatstragende Aufnahme: Das Orchester spielt die Nationalhymne. 95 junge Männer schwören den Eid auf die Bundesrepublik Deutschland.

Einer von ihnen ist Werner Metzen. 1964 wird er zum Dienst mit der Waffe eingezogen. Er entscheidet sich für den Bundesgrenzschutz, verpflichtet sich auf zwei Jahre. „Ich möchte als Soldat keine fremde Nation angreifen müssen", erklärt er treuherzig. „Der BGS sichert nur die Grenze!"

Eine sympathische Schutzbehauptung. Die Wahrheit dürfte sein: Beim Grenzschutz gab's 280 Mark Sold, bei der Bundeswehr nur 40.

„Wir waren ein lustiger Haufen"

Mit einem Koffer rückt Werner Metzen 1964 zur Grundausbildung in die Grenzschutz-Kaserne von Kassel-Ihringshausen ein. Einer von Tausenden junger Männer, die sich dem „Ruf des Vaterlandes" nicht entziehen. „Verweigern" ist noch nicht „in".

Werner fährt einen klapprigen Opel Rekord, den er sich von den 500 Mark, die er als Verkäufer bei Hettlage in Koblenz verdiente, leisten konnte.

Ein ehemaliger BGS-Kamerad: „Wir waren ein lustiger Haufen und der Werner der Eleganteste unter uns. Beim Ausgang immer picobello gekleidet. Die Mädels waren ganz scharf auf ihn. Um Kosten zu sparen, gründeten wir eine Fahrgemeinschaft. An den Wochenenden gurkten wir mit seinem Opel nach Hause. Mann, war das eine Kiste. Die Heizung funktionierte nicht. Wir mußten uns in Wolldecken einwickeln, um nicht zu erfrieren."

Auf der Stube geht's hoch her. Werner läßt sich von seinen Kameraden auf den Schultern tragen (li.). „Wir haben viel Spaß", erzählt er zu Hause. Oben: Werner (untere Reihe, 2. von rechts) in voller Montur. Weil er Weihnachten nicht nach Hause kann, organisieren seine Eltern eine kleine Feier in der Kaserne

Hier sehen Sie sein erstes Geschäft

Anfang der 60er Jahre. Zeit der Mini-Röcke, Hosenanzüge - und der Nyltest-Ära. Die vollsynthetische Faser revolutioniert die Mode. Knitterfrei. Bügelfrei. Reiß- und scheuerfest. Hausfrauen, Mütter, Junggesellen freuen sich. Denn noch längst hat nicht jeder deutsche Haushalt eine Waschmaschine.

Der junge Grenzschützer Werner Metzen, selbst modisch stets up to date, macht sein erstes lukratives Geschäft mit Nyltest-Hemden. Er kauft sie stapelweise für 5 Groschen das Stück und verhökert sie für 4 Mark an seine Kameraden. Gewinn: satte 700 Prozent. Sein erster Versuch in der Postenbranche, wenn man so will.

Die Jungs sind begeistert, und bald bestellt die ganze Kaserne bei ihm. Einer von damals erinnert sich: „Der Werner verkaufte die Dinger aus dem Kofferraum seines Opel. Der Absatz war reißend. Er verriet mir: `Nach der Wehrzeit mach´ ich ein großes Geschäft draus. Ich werde selbständig. Angestellt sein kommt nicht in Frage. Ich will schließlich viel Geld verdienen.´"

Reproduktion: Hoechst Aktiengesellschaft Unternehmenskommunikation/Unternehmensgeschichte Werk Höchst

Sie könnte sich zu sehr erschrecken. Wenn Sie durchaus ein NYLTEST-Hemd haben wollen, wird man es Ihnen auch ohne vorgehaltene Pistole verkaufen. Bestimmt. Machen Sie es darum einfach so: Achten Sie auf das eingenähte NYLTEST-Etikett. Dann haben Sie — natürlich auch bei NYLTEST-Blusen und -Kleidern — immer die Gewißheit, ein absolut bügelfreies Qualitätserzeugnis von hoher Gebrauchstüchtigkeit zu kaufen.

Wer NYLTEST kauft, kauft nie verkehrt  getestet und kontrolliert

Und hier sein zweites

Im Sommer und Herbst wird der kleine Ort Dernau an der Ahr von Touristen überschwemmt. Er hat ja auch was zu bieten: die Ruine der Klosterkirche aus dem 12. Jhdt. oder den Aussichtsturm Krausberg, von dem aus der Blick über die terrassenförmig angelegten Weinberge schweift. Und den Andenkenladen von Werner Metzen.

Er übernimmt das kleine Geschäft 1966. „Souvenirs gehen immer", verkündet er den Eltern. „Das ziehe ich groß auf."

Im Winter, wenn es an der Ahr keine Weinfeste gibt und sich nur selten Reisende hierher verirren, kommt tagelang niemand in sein Geschäft. Er erweitert sein Angebot um Kleintextilien, aber auch das wird nicht der große Durchbruch.

Im Frühjahr kauft er einen alten VW-Käfer, sägt das Dach ab, verwandelt das Vehikel mit Sperrholzbrettern in einen mobilen Andenkenladen und klappert damit die Halteplätze der Ausflugsbusse ab. Wieder bricht sich sein unbändiger Optimismus Bahn: „Damit werden wir reich."

Nach zwei Jahren gibt er auf - und wendet sich einer anderen Branche zu.

Oben: Der Jungunternehmer vorm Laden. Er führt auch Textilien („Kittel à 7.-"). Unten: Mit Sohn Lars im Geschäft - als stolzer Papa

„Immobilien - Hausverwaltungen" steht über dem Fenster - sein Büro in Andernach

Immobilien

Ärgerlich I: Gesetz stoppt den Senkrechtstarter

Der Kreis schließt sich

Die Stadt Andernach ist für ihre aufgeweckten Söhne bekannt: Der Erzählung nach retteten zwei Bäckerburschen dereinst den Ort vorm Feind, indem sie die heranrückenden Soldaten mit Bienenkörben bombardierten. Für Werner Metzen erlangt die Stadt am Rhein mit dem historischen Kram (1554) und der spätromanischen Kirche besondere Bedeutung: Hier kommt er zur Welt, erlebt er seine ersten beruflichen Erfolge - und Niederlagen. Andere Stationen seines Lebens liegen in nächster Umgebung: Bad Breisig, Dernau. Auf dem Friedhof von Andernach findet er seine letzte Ruhe. Der Kreis hat sich geschlossen.

Als nächstes versucht es Metzen in einer Branche, die ohne großen Aufwand hohe Provisionen verspricht: Immobilien!

Er meldet ein Gewerbe an, mietet ein Büro in der Andernacher Güntherstraße mit großem Schaufenster, in dem er seine Angebote aushängt.

Tatsächlich, der Laden läuft nicht schlecht. In den 60er Jahren geht es den Deutschen so gut wie noch nie. Sie wollen sich in ihrer häuslichen Sphäre ausdehnen und suchen Wohnraum.

Vielleicht hätte Metzen ein ganz Großer in der Immobilienbranche werden können. Viele Makler stiegen damals ins Baugeschäft ein; an den Rändern der Städte entstanden neue Siedlungen mit Eigentumswohnungen. Das „Bauherrenmodell" kam auf.

Doch der Senkrechtstarter hat ausgesprochenes Pech. 1971 wird das Wohnungsvermittlungsgesetz, später die Makler- und Bauträgerverordnung erlassen. Wer sich fürderhin in diesem Gewerbe tummeln will, muß seine Qualifikation unter Beweis stellen, ein unbeschriebenes Führungszeugnis sowie Schuldenfreiheit beim Finanzamt vorweisen können.

Begründung: Mißstände in der Branche. „In das Maklergewerbe haben Personen Eingang gefunden, denen es an der ... erforderlichen Zuverlässigkeit fehlt oder die in ungeordneten Verhältnissen leben. Es handelt sich dabei z. T. auch um vorbestrafte Personen oder in anderen Berufen gescheiterte Existenzen", heißt es in der Gesetzesvorlage.

Metzen, im Einzelhandel gescheitert, gibt erneut auf. Warum? Ein Qualifikationsnachweis hätte ihm nicht schwerfallen dürfen, Vorstrafen lagen nicht vor. Also die Steuer? Die Vermutung liegt nahe...

Briefkopf aus den Anfängen der Restposten-Läden

Hochzeit 1966:

Sie zähmt den wilden

"Das ist die Frau, die ich heiraten werde!"

Werner Metzen hat gerade seinen Wehrdienst hinter sich gebracht. Er steht im elterlichen Wohnzimmer und hält ein hübsches Mädchen an der Hand. Helga. Sie ist im gleichen Alter wie er, dunkelhaarig, schlank, zurückhaltend. Und schwanger.

Eine Muß-Heirat also?

Sohn Lars sagt: Das glaube ich nicht. Wie ich meinen Vater einschätze, hätte es ihm nichts ausgemacht, meine Mutter nicht zu heiraten, wenn er sie nicht wirklich geliebt hätte.

Tatsächlich ist Helga (Name v. d. Red. geändert), gelernte Sekretärin, eine von vielen in der Sammlung des wilden Werner. "Er pflegte seine Freundinnen nach dem Alphabet abzulegen", weiß Mutter Metzen. "Er konnte sich gar nicht retten vor Frauen..."

Wenn der Kleinstadt-Dandy mit sei-

Standesamt Andernach: Werner Metzen gibt seiner Helga das Ja-Wort. Die Braut trägt ein dunkles Kleid mit Matrosenkragen und ist mit Sohn Lars schwanger

Werner

nem dicken Schlitten über die Rheinpromenade von Andernach fährt, drehen sich die Mädels um. Er weiß, was er seinem Ruf schuldig ist. Zum Frühstück schlürft er Rotwein mit Eiern, in der Annahme, dies steigere die Manneskraft.

Aber Helga ist anders. Ernsthafter und vor allem zielstrebig. Ihre Schwiegermutter sagt: „Sie wollte meinen Jungen unbedingt vor dem Traualtar haben."

Die Frischverheirateten ziehen nach Dernau an der Ahr, wo Sohn Lars zur Welt kommt und der Ehemann mit dem Aufbau einer Existenz beginnt. Er übernimmt den kleinen Souvenirladen und entwickelt große Pläne.

Werner und Helga. Kann das gutgehen? Sie versorgt die Familie, er reist herum, verhandelt mit Lieferanten. „Als Kaufmann muß man viel unterwegs sein", beschwichtigt er seine Frau, die ihm vorwirft, sie zu oft allein zu lassen. Sie besteht darauf, ihn begleiten zu dürfen. Die Kinder nimmt sie mit. Man stelle sich vor: Ein Selfmademan, sprühend vor Ideen und Tatkraft - mit der ganzen Familie im Schlepptau. Das nervt.

Die Gezeiten in der Familienkasse - mal Ebbe, mal Flut - belasten das Glück zusätzlich. Wenn er Geld hat, mietet er große Wohnungen, kann er die Miete nicht mehr aufbringen, ziehen die Metzens wieder um. Stationen der ersten Jahre: Bruchsal, wo Tochter Anja zur Welt kommt, Burgbrohl, Eich, Saffig, Andernach, dann Aachen.

Sein Ausflug ins Immobiliengeschäft stellt die Ehe vor eine neue Belastungsprobe. „Unter seinen Kundinnen waren damals auch Bardamen, die eine vorübergehende Bleibe suchten. Mit denen traf er sich, um ihnen freie Wohnungen zu zeigen. Als Helga das spitz kriegte, war der Teufel los. Von da an mußte er zu solchen Terminen die Kinder mitnehmen", erinnert sich ein Freund.

Sein Einstieg in die Gastro-Branche ist der Anfang vom Ende der Ehe. Für seine Mausefalle heuert er Mädchen an, die in knappen Shirts und Shorts den Umsatz ankurbeln sollen. „Alles ganz seriös", beteuert er. Helga reagiert hysterisch. Sie packt ihre Sachen. Trennung im Zorn.

1974 wird die Ehe nach acht Jahren geschieden.

Hat ihn das getroffen?

Er war wohl eher erleichtert. Egal, was Vater gerade anstellte - das Geschäft war für ihn immer das wichtigste in seinem Leben. Eine Ehe stellte nur eine Belastung für ihn dar. Deshalb hat er auch nicht mehr geheiratet.

„Sie wollte meinen Jungen unbedingt haben", sagt Mutter Metzen

Und Helga Metzen? Tochter Anja, die bis zu ihrem 12. Lebensjahr bei der Mutter lebte, erinnert sich an eine von der Einsicht verbitterte Frau, die schönsten Jahre ihres Lebens vergeudet zu haben.* „Wenn er mal kam, hatte er einen Berg von Geschenken dabei. Einen richtigen Spielwarenladen. Mutter hat hinterher alles weggegeben und die Kleider, die er mir mitgebracht hatte, zerschnitten. Sie wollte nicht, daß ich etwas von ihm besitze."

* Helga Metzen lebt heute in einer westdeutschen Kleinstadt. Sie ist bei einer Behörde beschäftigt und hat wieder geheiratet. Das „Kapitel Werner Metzen", sagt sie, habe sie endgültig abgehakt.

* Name geändert.

Werner mit „Kopfschmuck": Das ausgelassene Brautpaar beim Fototermin

Lars, Anja, M veränderten Kinder sein L Vermutlich ga

Das Ehepaar Metzen in einem seiner Lokale. Lars' erster Spielplatz war hinterm Tresen

Ein Ausflug am Wochenende - Lars, Mike und Anja mit Mutter Erika, fotografiert vom Vater. Eine der seltenen gemeinsamen Unternehmungen: In der Regel hatte Werner Metzen wenig Zeit für seine Familie

Wir sehen Bilder einer glücklichen Familie. Ausflüge an den Rhein. Lars, Anja, Mike posieren auf einem Esel. Sitzen neben dem stolzen Papa auf der Kühlerhaube seines Autos. Der Fotograf hat seltene Momente im Leben der Metzens eingefangen.

Aber was ist echt an diesem Glück?

Lars erinnert sich: Ich wurde im Jahr 1972 in Aachen eingeschult. Vater betrieb damals dieses Lokal und lebte bereits von Mutter getrennt. Er brachte mich am ersten Schultag zur Tür des Klassenzimmers und hatte es, wie immer, furchtbar eilig. Er wollte mich am Mittag zur verabredeten Zeit wieder abholen, versprach er.

Alle Eltern waren zur Einschulung ihrer Kinder erschienen. Ich war allein. Für Vater ging die Bierbar vor. Natürlich verspätete er sich. Ich stand also einsam vor der Schule, die große Zuckertüte im Arm, und wartete. Ich habe geweint und bin allein nach Hause gegangen...

Keine Frage: Lars, Anja, Mike - der Vater liebt sie. Er sorgt sich um sie. Er verwöhnt sie.

Nach der Trennung von Helga nimmt er die Jungs zu sich. Es sei besser, wenn sie beim Vater aufwüchsen, sagt er. Die Mutter, mit drei Kindern überfordert und hinsichtlich seiner Zahlungsmoral voller Zweifel, ist einverstanden.

Vater ist der Beste!

Und Werner Metzen ist ehrlich bemüht, ein guter Vater zu sein.

Er mietet große Wohnungen, weil, wie er sagt, „die Kinder Platz zur Entfaltung" brauchen. Er gewährt ihnen wöchentlich fünf Mark Taschengeld, mehr, als die meisten ihrer Spielkameraden bekommen. Für eine einzige gute Schulnote wird Lars mit einer großen Spielzeug-Ritterburg belohnt. Niemals schlägt er seine Kinder.

Und doch scheint er bisweilen gänzlich uninteressiert an ihnen zu sein.

Schöne Bescherung

Weihnachten 1974: Der achtjährige Lars gibt mit dem Kirchenchor der kleinen Gemeinde Mehlem ein Adventskonzert. Er ist stolz, daß sein Vater unter den Zuhörern sitzt. Während des Vortrags steht Werner Metzen auf und

ke. Wie
die drei
eben?
nicht

geht. Es ist ihm zu langweilig. Lars ist traurig. Anderntags jedoch überschüttet er die Kinder mit Bergen von Geschenken.

Er sucht eine Traumvilla!

Lars erzählt: Während eines Hochwassers des Rheins unternahmen wir Kinder eine riskante Schlauchbootpartie durch die Straßen von Oberwinter. Als Vater davon erfuhr, geriet er außer sich. Viel zu gefährlich, meinte er...

... und mietet ein Haus mit Swimmingpool, Hanglage, Blick auf den Rhein. „Ich will den Kindern etwas bieten."

Für Anja, die bis zu ihrem 12. Lebensjahr bei der Mutter in Aachen lebt, ist Daddy der Größte. Sie vergöttert ihn. Sie leidet darunter, daß sich die Eltern getrennt haben und gibt der Mutter die Schuld. „Mein sehnlichster Wunsch war es, beim Vater zu leben", erzählt sie. Nachts betrachtet sie heimlich sein Foto unter der Bettdecke im Schein einer Taschenlampe. Ihr Vater! Ein gutaussehender Mann. Er wird ihr erster Jungmädchenschwarm.

Die Mutter reduziert die Kontakte mit ihm und bringt damit die heranwachsende Tochter gegen sich auf. Als sich Anja schließlich durchsetzt und zum Vater übersiedelt. der damals mit ihren Brüdern in einem Gelsenkirchener Appartementhotel haust, stellt sie fest, daß der Märchenprinz ein ruheloses Arbeitstier ist. Er schenkt ihr Kleider, Geld, eine Stereoanlage - aber keine Zeit. Statt dessen stellt er Ansprüche an sie.

Anja kümmert sich um den Haushalt

„Vater hat von mir erwartet, daß ich in dem Männerhaushalt die Hausfrauenpflichten übernehme. Kochen, waschen, putzen."

Aber Anja ist auch ein hübsches Mädchen. Blonde Haare, braune Augen. Er ist stolz auf seine „Kleine" und wacht mit väterlicher Eifersucht über sie.

Das ist die eine Seite. Die andere: Er läßt das Mädchen, das infolge der häufigen Umzüge insgesamt sieben Schulen besucht hat, schließlich ohne Abschluß abgehen. Damals ist Werner Metzen schon im Postengeschäft. Er sagt: „Wir haben kein Personal. Du mußt im Laden helfen." Für 70 Mark am Tag beginnt sie in einer seiner Filialen und ist glücklich dabei. Lars: Wir Kinder waren für ihn eine Art Kapital, das er ins Unternehmen investierte. Er bestimmte über unser Leben, aber Einfluß auf sein Leben hatten wir nie!

Erinnerung an eine Rhein-Tour: Die Kinder dürfen auf einem Esel reiten

Werner Metzen ist stolz - auf seine Kinder und seinen Alfa Romeo Montreal

31

Marlis am Steuer, Werner geschäftig. Sie arbeitet zuletzt in seiner Teures billig-Filiale in Aachen

Die 2. „Frau Metzen" (hier im Rolls) schenkte ihm zwei Kinder. Geheiratet hat sie ihn nicht

Ein Abstecher ins Nachtleben der fast 1.200 Jahre alten Domstadt Aachen verspricht in den frühen 70ern so viele Exzesse wie eine Kaffeefahrt zum Ammersee. Wo ist was los? fragt man den Taxifahrer, und der zieht verlegen die Stirn in Falten und sagt: Probieren Sie's mal in der Mausefalle.

Tatsächlich sieht Metzens Lokal, das man heute als Bistro bezeichnen würde, mit seinen roten Samttapeten ganz schön verrucht aus.

Die 18jährige Elisabeth Marlis ist zehn Jahre jünger als Werner und bewirbt sich bei ihm als Thekenhilfe. Sie wird engagiert - und Frau Metzen Nr. 2, allerdings ohne Trauschein.

Sie ist dunkelblond, schlank und hat ein hübsches, schmales Gesicht, aus dem zwei blaue Augen blitzen. Als sie Anfang 1976 mit Dirk schwanger wird, mietet Werner ein Haus in Rhöndorf bei Bonn, und sie ziehen zusammen.

Die Marlis wohnt ab jetzt bei uns!

„Die Marlis", erklärt er den Söhnen Lars und Mike kategorisch, die inzwischen bei ihm leben, „wohnt ab jetzt bei uns." Den Verdacht, daß er nach seiner Scheidung vielleicht nur eine Ersatzmutter für die beiden Jungen gesucht habe, will Marlis nicht gelten lassen: „Er war ein liebevoller Vater - obwohl er sich zu wenig um die Schule gekümmert hat." Sie bemüht sich nach Kräften, mit den Jungs warm zu werden.

Die Geschäfte laufen ganz gut, und Werner engagiert eine Haushälterin. Sein Verhältnis zur neuen Lebensgefährtin des Vaters ist hingegen kritisch-distanziert. Es empört ihn, daß sie seine Hausaufgaben mit Strenge überwacht, und von ihren Kochkünsten hält er wenig:

Einmal hatte sie Nudeln gemacht. Wir saßen alle am Tisch und versuchten, die total versalzene Pampe runterzuwürgen. Es war wirklich schlimm. Zwischen den Bissen lobte Vater „das ausgezeichnete Essen" in höchsten Tönen, während unsere Gesichter immer länger wurden. Als wir uns hinterher bei ihm beschwerten, meinte er: „Ihr habt Recht, Kinder, das war ein Saufraß..."

Streitigkeiten liebte er nicht

Auch das typisch für ihn: Er ging offenen Konflikten am liebsten aus dem Weg. Ich glaube, er hatte ein großes Harmoniebedürfnis.

An dem es auch liegen mag, daß sein Familienleben in jener Zeit in bürgerliche Bahnen zu geraten scheint. Er baut Erdbeeren und Gemüse im Garten des Hauses an. Der künftige Ramsch-König als Schrebergärtner. „Wenn mal Krieg kommt, haben wir wenigstens was zu essen", sagt er ernsthaft.

Nicht, daß Werner Metzen sich sonderlich für Politik interessiert oder die Mühsal der Lektüre politischer Zeitungsartikel auf sich genommen hätte. Aber es ist die Zeit des atomaren Wettrüstens, und die Menschen sind von einer kollektiven Zukunftsangst erfaßt.

Wie sah es aus mit Hochzeitsplänen?

Lars erinnert sich daran, der Vater habe die Kinder eines abends mit der Eröffnung überrascht, Marlis heiraten zu wollen. Die beiden sind entschieden dagegen. Es kommt zu einer kurzen Diskussion - und die Hochzeitspläne werden ad acta gelegt.

Marlis am Strand von Lloret (oben), mit Werner, Lars und Mike (unten). Sie ist mit Dirk schwanger

Einem Freund hingegen erklärt Werner später herablassend: „Noch mal heiraten? Nee, auf keinen Fall!"

Marlis berichtet, anfangs hätten sie durchaus heiraten wollen. „Später dann nicht mehr. Zum Glück. Er war kein familiärer Typ, häufig weg, und bestimmt hätte unsere Ehe in einer Katastrophe geendet."

Kurz vor der Entbindung möchte sie Werner in ihrer Nähe haben. Er ist geschäftlich in Düsseldorf. „Es ist bald soweit", sagt sie ihm am Telefon, „kommst du?" Er hat keine Zeit. „Wichtige Termine, du verstehst..." Sie fährt zu ihm - und überrascht ihn auf einer Party.

Die gemeinsamen Kinder!

Am 18. September, wenige Tage nach seinem eigenen Geburtstag, kommt Sohn Dirk zur Welt - sechs Jahre später übrigens Nachzügler Björn.

Die „Familie" zieht zurück nach Aachen - in eine Wohnung über seinem Lokal Bierbar. Aber das Verhältnis ist schon zerrüttet. Es gibt immer häufiger Streit und vorübergehende Trennungen, die immer länger werden. Schließlich sehen sie sich nur noch gelegentlich, aber sie bleiben ein Paar - ohne gemeinsamen Alltag, ohne Verpflichtungen gegeneinander. Es ist die einzige Form der Ehe, die ein Mann wie Werner Metzen führen kann. „Trotzdem hatten wir bis zuletzt ein gutes Verhältnis", beteuert Marlis. „Ich habe gute Erinnerungen an ihn - ein fröhlicher, stets gutgelaunter Mensch." Ihr gemeinsamer Sohn Dirk ist überzeugt: „Sie war seine wirklich große Liebe."

Mit Daddy auf einem Bild

Ein seltenes Foto: Werner Metzen im Kreis seiner Kinder. Harmonie pur? Von wegen. Das Verhältnis zu ihnen war geprägt von hohen Erwartungen, herben Enttäuschungen und bösen Gemeinheiten. Trotzdem sagen sie: „Er war ein guter Vater!"

Von links: Lars, Anja, Dirk, der Vater, Mike und Björn

Sanft rollen die Wellen auf den weißen Sandstrand von Lloret de Mar, kräuseln kokett ihre weißen Schaumkrönchen und ziehen sich brav zurück in die Weite des Mittelmeers. Aber irgendein Dödel da draußen muß mit seinem Motorboot die Harmonie des Ozeans gestört haben: Unverhofft rauscht eine Woge heran - und schon ist's passiert: Werner Metzens Schuhe aus Straußenleder sind naß geworden. Er zieht sie aus und erteilt Sohn Dirk den Auftrag: „Die müssen sofort auf den Spanner. Die kosten 2.000 Mark!"

Gehorsam trägt der Junior die edlen Treterchen zum weißen Rolls Royce.

Typisch. Werner Metzen ist es gewohnt, andere für sich springen zu lassen. Auch seine Kinder. Sein Imperium ist ein Familienunternehmen, und jeder aus dem Clan hat darin seine Aufgabe.

Wenn die Metzen-Kinder über ihren Vater sprechen, klingt es, als redeten sie über eine Kunstfigur. Da ist ein großes Maß an Bewunderung herauszuhören, manchmal ein Anflug von Ironie, ja, auch Erleichterung und bisweilen - höchstes der Gefühle - Mitleid.

Vater, warum hast du mir das angetan?

Am Abend des 24. April 1997 steht Lars in der Intensivstation des Krankenhauses von Gerona, einem kargen, weißgetünchten Raum, wo der soeben Verstorbene noch liegt. „Nein, ich konnte nicht weinen bei seinem Anblick. Da war nichts als eine große Leere in mir."

Werner Metzen hat seine Kinder verwöhnt, gedemütigt, vergöttert, ausgenutzt.

Zwei Beispiele:

Tochter Anja, die ihn als kleines Mädchen bewundert, überschrieb er, vor Jahren - ohne es mit ihr abzusprechen, eine Filiale in Düsseldorf. Als Wechsel platzen, die sie in gutem Glauben auf seine Bonität ausgestellt hat, und sie sogar wegen Betrugs vor Gericht muß, fährt er sie zur Verhandlung - und verschwindet.

Sohn Lars, der die Metzen Warenhandels GmbH mit aufbaute, überträgt er im Februar 96 offiziell die alleinige Verantwortung. Aber hinter seinem Rücken torpediert er dessen Entscheidungen.

Ein Vater voller Widersprüche. Und doch: „Ein guter Vater", sagen seine Kinder.

Ferien im Phantasialand

Morgens gibt Werner Metzen seine Kinder an der Kasse ab, abends holt er sie wieder. Zwischendurch lassen sie anschreiben - für Cola und Fritten

In den Ferien, wenn Lars und Mike nicht zur Schule müssen und Anja zum Vater kommen darf, hat Werner Metzen, sofern er von Marlis wieder mal getrennt lebt, das Problem aller alleinerziehenden Elternteile: Wohin mit den Kindern?

Er bringt sie jeden morgen zum Phantasialand und setzt sie an der Kasse ab. „Dann hat er mir als dem Ältesten 20 Mark in die Hand gedrückt und gesagt: `Bis heute Abend´", erinnert sich Lars.

Es gibt eine Westernstadt, eine Delphinschau, ein Piratenschiff und ein Spukschloß in dem Freizeitpark - Unterhaltung und Abenteuer genug für viele Ferientage. Aber es gibt auch Restaurants und Imbißbuden. „Das Geld war meist schnell alle. Dann ließen wir anschreiben - für Cola und Pommes frites. Wenn Vater abends kam, klapperten wir alle Läden ab, und Vater zahlte unsere offenen Rechnungen. Wir waren bald bekannt wie bunte Hunde."

Den Wert des Geldes lernen die drei auf diese Weise schon früh kennen. Die Jungen entwickeln ihre eigene Version des Spiels Monopoly, mit Legosteinen als Immobilien. Gespielt wird mit echtem Geld, ganze Nächte lang. Mike, zweieinhalb Jahre jünger als Lars, verliert regelmäßig und muß „Konkurs" anmelden. Der große Bruder beschwert sich dann beim Vater: „Der zahlt nicht." Antwort: „Da kann man nichts machen. Wenn einer nix mehr hat..."

Neun ist Lars, als er, vom Wunsch nach Vermögenszuwachs getrieben, in der Fußgängerzone von Bad Godesberg seine Comic-Sammlung verkauft. Nachschub besorgt er sich auf Flohmärkten. Er ist fix im Kopfrechnen. Wie er seine Geschäfte abzuwickeln hat, schaut er sich beim Vater ab, der gerade erste Erfahrungen im Postenhandel macht: „Die Verkäufer, Kinder und Jugendliche, hatten einen Stapel von 150 Heftchen und wollten 20 Pfennig pro Stück. Okay, sagte ich, drückte ihnen zehn Mark in die Hand, übernahm gleich den ganzen Stand. Die haben meist lange gebraucht, um das alles nachzurechnen. Ich verkaufte die Hefte für zwei Groschen weiter. Abends kam ich mit einem schönen Gewinn heim. "

Für den Buben gibt es „nichts schöneres, als Geld zu verdienen". Sein Vater wird sein großes Vorbild. Als er 13 ist, hat dieser seinen Billig-Laden in Düsseldorf, und er darf ihn zu Einkaufsverhandlungen begleiten. Er wird das Ramsch-Geschäft von der Pieke auf lernen - und seine erste deprimierende Erfahrung machen: Wie es ist, gar nichts mehr zu haben...

Mai 1974: Werner Metzen mit Anja, Lars und Mike vor der Bottichbahn im Phantasialand

Geschwisterliebe

Im Jahr 1976 unternimmt Werner Metzen seine erste größere Urlaubsreise - auf die Bahamas. Er fliegt zusammen mit Schwester Karin, zu der er eine tiefe Zuneigung empfindet. Sie erinnert sich: „Er war Damen gegenüber ein formvollendeter Kavalier, und ich war schon stolz an seiner Seite." Später kühlt die Geschwisterliebe merklich ab, als er in dem Ford-Autohaus, das sie mit ihrem Mann betreibt, mehrere Fahrzeuge erwirbt - und, wie sie es vornehm umschreibt, „seinen Verbindlichkeiten nicht immer nachkam".

Genervte Söhne

Auf adrettes Outfit legt Metzen schon bei seinem Nachwuchs Wert. Manchmal läßt er Mike und Lars den Unterricht schwänzen - und geht statt dessen mit ihnen einkaufen. Am liebsten kleidet er sie mit den gediegenen Textilien des Bekleidungsherstellers Landmann ein. „Die sind teuer und sehen gut aus", sagt er. Die Jungs sind von Vaters Geschmack genervt: „Wir hätten lieber die schicken Sachen gehabt, die unsere Klassenkameraden trugen."

35

Ein Herz und eine Seele? Werner Metzen mit Tochter Anja. Als sie einmal mit der Halbweltgröße Ebby Thust in der Disko tanzt, gibt's Krach. Sie: „Es war ganz harmlos"

Anja küßt Papa. Er hätte sie so gern zur „Miss" gemacht

In der Tennis-Bar im vornehmen Bad Homburger Kurviertel trifft Halbwelt auf große Welt. Zuhälter aus dem Frankfurter Rotlichtmilieu stehen einträchtig mit Yuppies aus dem Bankenviertel am Tresen und trinken Champagner, das Glas für 15 Mark. Friseusen in Mini und Pumps ziehen sich auf dem Damenklo Seit an Seit mit Armani-gewandeten Millionärsgattinnen die Lippen nach.

In dieser Atmosphäre feiert Anja Metzen ihren ersten Erfolg, auf den ihr Vater stolz ist: Sie wird zur Vize-Miss Rhein-Main gekürt.

Er hat sie angemeldet und hingeschleppt. Anja ist süße 17, blond und wohlgeformt. „Vater hätte mich gern zur Miss Germany gemacht", sagt sie.

Daraus wurde bekanntermaßen nichts, auch wenn Werner Metzen in einem Dutzend Jurys einschlägiger Schönheitswettbewerbe saß. Über den Titel „Miss Skihaserl", erworben in einer Bensheimer Diskothek, kam sie nicht hinaus.

Das Verhältnis Werner Metzens zu keinem seiner anderen Kinder ist derart geprägt von Extremen wie das zu seiner Tochter.

Als sie 16 ist, nimmt er sie von der Schule und steckt sie in einen seiner Läden: „Hier kannst du etwas lernen", sagt er.

Ein Backfisch im Ramschgeschäft - war das Ihr Traumjob?

Anja: „Ich habe nicht darüber nachgedacht. Vater hatte immer für uns Kinder entschieden, und wir waren davon überzeugt, daß es so richtig ist."

Dirk: „Gegen Vater kam man nicht an. Als ich fünf war, stellte er mich in Krefeld an die Kasse. Eine Ausbildung ließ er mich später auch nicht machen. `Was soll das nützen´, sagte er. `Du willst doch Geld verdienen.´"

Lars: „Er konnte uns ja auch echt begeistern, und wenn er uns lobte, waren wir saumäßig stolz."

Hat er sie oft gelobt?

Anja: „Anfangs ja. Er schickte mich immer in total runtergewirtschaftete Filialen und sagte: Mach mal! Da habe ich mich reingekniet wie verrückt, und wenn ich nach ein paar Tagen den Umsatz vervierfacht hatte, war er begeistert. Die Filiale in Nagold zum Beispiel machte nur noch 400 Mark am Tag. Ich orderte neue Waren, baute alles schön auf, malte hübsche Schilder, und am zweiten Tag hatte ich 2.600 Mark in der Kasse."

Am 6. Dezember 1992 wird Werner Metzen Großvater: Enkelin Diana, Tochter seines Sohnes Lars und dessen Lebensgefährtin Rita, schließt er sofort ins Herz. Er überhäuft sie mit Geschenken. Kurz vor seinem Tod, erinnert sich die Familie, spielt der Opa, bereits todkrank, noch einmal mit seiner Enkelin: „Es war ein rührender Anblick - er kroch auf dem Boden, nahm sie huckepack. Wir haben geweint"

War zuletzt der Lieblingssohn Metzens: Dirk (21)

Dirk sagt: „Alles, was ich bin, das verdanke ich ihm"

Und die private Seite Ihres Lebens?

Anja: „Die gab es nicht. Ich lebte damals nur in Hotels, weil ich ja in ganz Deutschland unterwegs war. Abends fiel ich todmüde ins Bett."

Lars: „Er hat immer volle Leistung von uns verlangt."

Dirk: „Als ich das Kaufhaus in Heusenstamm übernahm, arbeitete ich 20 Stunden täglich, auch sonntags. Ich wollte ihm beweisen, daß ich etwas kann und er stolz auf mich sein kann."

Mit 19 wird Anja Metzen selbst Unternehmerin: Der Vater überschreibt ihr die Filiale in Düsseldorf. 274 qm Verkaufsfläche, 28 m Schaufensterfront. Ein Weihnachtsgeschenk. Es ist der 21. Dezember 1986. Auch Lars und Mike bekommen ihre eigenen Läden.

Es beginnt erfolgversprechend: Anja verkauft Modeschmuck, das Teil für zwei Mark, von der Ladefläche des Lastwagens herunter. Tausende von Rubiks Zauberwürfeln wird sie für eine Mark das Stück los. Gewinnspanne: 900 Prozent.

Und dann kam es zum großen Krach. Warum?

Anja: „Vater ließ Wechsel platzen, und die Polizei ermittelte wegen Betrugs - gegen mich. Zu meinen Kunden gehörten damals auch eine Reihe von Typen aus dem Düsseldorfer Milieu, unter ihnen auch der ehemalige Trainer von Sylvester Stallone. Die kauften mir regelmäßig den Laden leer, und deshalb war ich nett zu ihnen. Na ja, daraus entwickelte sich so etwas wie Freundschaft. Wir gingen abends mal zusammen in die Disko und so. Als die von der Betrugsgeschichte erfuhren, hetzten die mich gegen meinen Vater auf. Die sagten: Der wälzt seine Schulden auf

Lars (30), der Älteste

dich ab und vergnügt sich im Puff. Die konnten mir sogar Einzelheiten seiner Bordellbesuche schildern."

Dann kam es zum Bruch?

Anja: „Es gab eine große Aussprache, Vater unterschrieb eine Erklärung, daß er für die Schulden, immerhin 1,8 Millionen Mark, aufkomme. Dafür schied ich aus der Firma."

Lars: „Es hat ihn schwer gekränkt, daß du dich mit Zuhältern gegen ihn verbündet und ihn unter Druck gesetzt hast. Das konnte er dir nie verzeihen."

Anja: „Die haben mir erst klargemacht, welches Damoklesschwert da über mir schwebte. Unser Bruder Mike war nur mit einem Anwalt aus der Firma, die Vater auf seinen Namen eingetragen hatte, wieder rausgekommen."

Sie haben sich aber wieder vertragen?

"Vorübergehend. Ein paar Jahre schlug ich mich mit Gelegenheitsjobs

Björn (16), der Nachzügler

durch, dann söhnten wir uns wieder aus. Ich arbeitete als `Springer´ in verschiedenen Filialen. Gewohnt habe ich im feuchten Keller der Bensheimer Firmenzentrale. Prompt bin ich krank geworden. Die Bronchien. Vater ließ sich nicht mal bei mir blicken. Dann gab es wieder Streit. Er behauptete, ich hätte ihn bestohlen. Und er nannte mich eine `Hure´. Da waren Geschäftspartner von ihm dabei. Ich bin weinend aus dem Raum gerannt. Ich habe damals sogar an Selbstmord gedacht, ganz ehrlich. Trotzdem hat er mich später zurückgeholt - als Warendisponentin mit 4.000 Mark Gehalt und einem Pontiac Firebird als Dienstwagen."

Er war also auch großzügig?

Dirk: „Also, ich verdanke ihm ein tolles Leben. Er nahm mich mit nach Baden-Baden und kaufte mir beim Herrenausstatter Wiechmann einen Anzug für 8.000 Mark. Er ging mit mir in die Disko, und weil ich etwas schüchtern war, `besorgte´ er mir Mädchen. Hinterher fragte er mich aus: `Wie war's?´. Zum 18. Geburtstag schenkte er mir einen Jaguar XJR..."

Lars: „... den du gegen die Leitplanke gefahren hast. Wahnsinn! Ein Jaguar für einen Führerscheinneuling! Mein BMW 320, den ich dir damals geben wollte, war ihm zu popelig."

Dirk: „Dabei wollte ich dieses Schiff gar nicht. Aber Vater meinte, ich solle mein Leben genießen."

Tochter Anja (29)

Lars: „Als ich dich in unserem Lager in Ulmen von der Pieke auf im Postengeschäft ausbilden wollte, hat er dich wieder zu sich nach Bensheim geholt..."

Dirk: „Er sagte: `Was willst du in dem Nest? Da gibt's keine Weiber, da kannste nicht bumsen. Du mußt was erleben!´ Manchmal überlege ich, was wohl ohne ihn aus mir geworden wäre. Vielleicht hätte ich eine Lehre gemacht und wäre heute Schreiner."

Lars: „Schön und gut. Er hat uns aber auch immer zu verstehen gegeben, daß wir ohne ihn gar nichts wären."

Anja: „Und das Geschäft war für ihn stets wichtiger als die Kinder."

Dirk: „Ich sehe Vater mit anderen Augen. Ich war - und bin! - stolz auf ihn.

Hallo Dicker!!
Da ich Dich telefonisch nicht erreichen konnte, nachträglich aus der Ferne die liebsten Wünsche zu Deinem
50. Geburtstag.
Deine Tochter
Anja

Ich habe viel gelernt, und alles, was ich kann, verdanke ich ihm."*

Warum hat er sich schließlich auch von Ihnen abgewandt?

Dirk: „Einige Zeit vor seinem Tod sprach er mit mir. Über Krankheiten,

Zurückhaltend: Sohn Mike (29)

über das Geschäft. Er sagte, am Untergang der Firma seien viele Leute schuld - die Mitarbeiter, Rechtsanwälte. Ich war enttäuscht, daß er sich so hängen ließ und meinte, das Leben gehe doch weiter, auch wenn die Firma nicht mehr bestehe. Aber für ihn war damit alles zu Ende."

Anja: „Am Schluß klammerte er sich nur noch an seine Kinder."

Lars: „Aber die Firma war wohl verloren. Und da hat er schließlich auch uns die Schuld gegeben. Wir hätten ihn verlassen."

Dirk: „Er hat auch mit mir nicht mehr geredet. Der springende Punkt war die Trennung von Lars im Juni 96. Ab diesem Tag ging's mit Vater bergab. Davon hat er sich nie mehr erholt."

* Dirk betreibt heute zwei Billig-Läden in Bad Kreuznach und Frankfurt.

Blech & säckewe

WM (mit Fliege) auf dem Podium der Rennleitung. Alles ist improvisiert, die Stimmung riesig, der Gewinn auch

ise Geld

Motoren dröhnen, Autos rasen ineinander. Die Zuschauer toben. Stock-Car-Rennen heißt der neue Kick. Er kommt aus den USA und wird ein toller Erfolg für den jungen Metzen.

Nervenkitzel Crash: Schrottautos, innen mit Stahlstreben verstärkt, jagen über die Piste. Es riecht nach Öl und Schweiß.

Am mit Strohballen und Autoreifen gesicherten Rundkurs bei Saffig, Eifel, drängen sich 2.000 Menschen. Jeder hat 5 Mark Eintritt bezahlt. Macht vorneweg 10.000.

Während sich die Rennwagen gegenseitig von der Piste fetzen, macht Werner Metzen erstmals richtig Kohle. Zum Kassensturz am Abend in dem kleinen Wohnwagen schleppen die Helfer das Geld in Plastiksäcken herbei. Rundum hat er Sicherheitsleute postiert.

Anfang der 70er Jahre ist Metzen der erste, der Stock-Car-Rennen in Deutschland veranstaltet. Die Fahrzeuge hat er billig bei Schrotthändlern organisiert.

Ein Freund aus damaliger Zeit: „Werner kaufte sich eine goldene Uhr. Das nächste Rennen war in Karlsruhe. Wieder ein Bombenerfolg. Werner ließ die Uhr mit Brillanten spicken. `Jetzt hab' ich's geschafft', strahlte er."

„Rennleiter" Metzen weiß, worauf es ankommt: „Das Volk will Blut sehen. Wer zwei Runden dreht, ohne einen anderen zu rammen, wird disqualifiziert", verkündet er im Fahrerlager. Sie rammen, was das Zeug hält.

Werner Metzen, den alle nur noch „WM" nennen - wie Weltmeister -, filmt das Spektakel auf Super 8. Auf der Suche nach neuen Austragungsorten reist er quer durch Deutschland und versucht, kommunale Entscheidungsträger für den „Wahnsinnssport aus Amerika" zu begeistern. Sein Verkaufsgenie kommt ihm dabei zugute.

In Bad Kreuznach hat er sich beim Bürgermeister angemeldet. Der Mann ist kurz angebunden. „Stock-Car-Rennen? Nie gehört. Was soll das sein?" fragt er und drängelt. „Ich habe nicht viel Zeit..."

„Darf ich's Ihnen vorführen?" entgegnet WM, und schon ist der Filmprojektor aufgebaut. Ein Helfer zieht die Gardinen zu, und über die Leinwand flimmern Bilder begeisterter Zuschauermassen.

Nach zehn Minuten gibt der Bürgermeister seiner Sekretärin die Anweisung, alle weiteren Termine abzusagen und widmet sich den Rest des Tages nur noch seinem Gast und den gemeinsamen Plänen für ein Stock-Car-Volksfest. „Der war Feuer und Flamme. Der Werner konnte die Leute mitreißen, daß es eine Freude war", erzählt ein Freund.

Doch die Ära der großen Blechspektakel geht so unerwartet zu Ende wie sie begonnen hat: Metzen findet keine Versicherung mehr, die das Risiko der improvisierten Veranstaltungen übernimmt.

Dennoch bin ich davon überzeugt, daß es ein Mega-Geschäft hätte werden können - mit Werbung, Sponsoring, Gastronomie, Andenkenverkauf, sagt Sohn Lars. Dazu hätte Vater allerdings ein richtiges Unternehmen aufziehen und die Veranstaltungen organisieren müssen wie heute ein Rock-Konzert oder ein Formel 1-Rennen. Aber die Detailarbeit, der lästige Kleinkram, lag ihm nicht. Und er wollte keine Investitionen, sondern schnelle Gewinne machen.

Reitstunden, Reisen, schöner Wohnen

Man sieht's ihm an: Werner Metzen hat es zu Wohlstand gebracht

Mit der Stock-Car-Episode hat er ganz schön was verdient. Werner jettet erst mal in den Urlaub (links) und schmiedet neue Pläne. Irgend etwas Großes muß es sein

Auf Teneriffa genießt er Sonne, Meer und hübsche Mädchen. Das Haar ist schon gelichtet, aber er macht noch immer eine gute Figur (unten)

In kurzen Hosen und mit seiner ersten teuren Uhr (oben), beim Reitunterricht (unten)

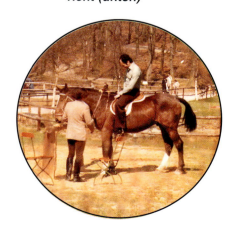

Sag´ mir, wie du wohnst, und ich sage dir, wer du bist... Das Auf und Ab im Leben des Werner Metzen läßt sich anhand seiner Wohnungen dokumentieren. Je mehr er verdiente, desto noblere Adressen legte er sich zu. Das hat er vom Papa gelernt: Schon Metzen senior schätzte es daheim geräumig und hatte eine Sechs-Zimmer-Wohnung in diesem Haus in der Bruchsaler Kaiserstraße gemietet

Seine Bars werfen was ab, und er mietet in Rhöndorf eine Villa mit großem Garten. Einrichtung: Chippendale-Möbel und Seidenvelours

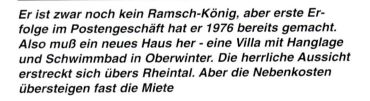

Im Jahr 1975 ist Werner Metzen in der Gastronomie tätig und hat sich in Bad Godesberg ein großes Einfamilienhaus gemietet. Es hat bleiverglaste Fensterscheiben und marmorverzierte Fassaden. Sein Restaurant Drei Musketiere am Bonner Hauptbahnhof läuft ganz gut

Er ist zwar noch kein Ramsch-König, aber erste Erfolge im Postengeschäft hat er 1976 bereits gemacht. Also muß ein neues Haus her - eine Villa mit Hanglage und Schwimmbad in Oberwinter. Die herrliche Aussicht erstreckt sich übers Rheintal. Aber die Nebenkosten übersteigen fast die Miete

Das Geschäft floriert. Umzug nach Mehlem, einem kleinen Ort an der linken Rheinseite. Im terrassenförmig angelegten Garten mit Blick auf den Strom steht eine mächtige Tanne. Zur repräsentativen Villa paßt das Mercedes-Cabrio, das er sich zulegt

Ausflug in die Gastro-Szene

Mädchen, Mäuse, Maserati

Seinen ersten Versuch in der Gastro-Branche startet er mit einem kleinen Hotel an der deutsch-belgischen Grenze bei Aachen. Es hat eine Kegelbahn und eine schnuckelige Bar. An der steht Werner bis früh um drei und zapft Bier. Ein harter Job

Mit geliehenem Geld eröffnet Werner Metzen Anfang der 70er Jahre in Aachen seine Lokale Mausefalle, Bier Bar, Bar intim und übernimmt schließlich das Speiserestaurant Drei Musketiere am Bonner Hauptbahnhof. Während die drei Erstgenannten eine Spur von Verruchtheit haben - offenherzige Mädchen sorgen für Umsatz, und standesgemäß kauft er sich einen Maserati - ist Letzteres ein gutbürgerliches Speiselokal. Ein Ritter wirbt vor dem Eingang für „deftige Spezialitäten wie anno dazumal".

Werner steht selbst am Herd, ein Profi-Koch ist teuer, und bereitet Hirschgulasch (14,90 Mark), Schweinshaxe (8,90) und Pfeffersteak (10,90) zu.

1979 gibt er die Gastronomie auf. Zu wenig Umsatz. „Werner hat mit zuviel Knoblauch gekocht", vermutet die Mutter.

... den er wieder aufgibt, weil er ernüchtert feststellt; Zum Reichwerden nicht geeignet. Statt dessen versucht er's mit der Bier Bar im Herzen von Aachen, einem intimen kleinen Lokal

Die Drei Musketiere in Bonn sollen den Durchbruch bringen. Ein gutbürgerliches Lokal mit durchgängig warmer Küche. Werner steht selbst am Herd

In Aachen betreibt er das schummrige Lokal Mausefalle. Passend zum anrüchigen Ambiente: sein Maserati-Sportwagen (rechts)

Metzen Preisknüller in bester Düsseldorfer Lage. Nach anfänglichem Erfolg macht er Konkurs. Er schäumt: „Ich wurde in den Ruin getrieben."

Die Bauchlandung

Metzens erste Pleite im Postenhandel. Er schämt sich

Der Stresemannplatz in Düsseldorf zählt zu den feineren Geschäftslagen. An der Einmündung der Graf-Adolf-Straße befindet sich 1980 das Geschäft Metzen Preisknüller. Die „Knüller" sind billige Kosmetika, T-Shirts, Modeschmuck. Werner Metzen ist erstmals im Postenhandel.

Sohn Lars, damals dreizehn, weist er in die Geheimnisse ein. Er sagte: „Im Handel kannst du nur groß werden, wenn du sehr teuer oder extrem billig bist. Vom Teuren verstehe ich nichts."

Metzen ist 35. Eine imposante Erscheinung, wie er zwischen dem fein aufgereihten Plunder die Kunden begrüßt. Rotes Sakko, helle Hose, Seidenschal.

Gelegentlich taucht er bei einem befreundeten Ehepaar auf, stellt einen abgeschabten Lederkoffer auf den Tisch, der von Belegen überquillt.

„Bringt mir mal meine Buchhaltung in Ordnung."

„Mensch Werner, so kannst du doch kein Geschäft führen..."

„Damit kann ich mich nicht belasten. Ich muß Geld verdienen!"

Kurz darauf das Aus. Konkurs. Später sagt er: „Ich habe mich nicht mehr auf die Straße getraut. Vor Scham."

Die Rache

Ein Metzen vergißt nicht. Nach der Pleite von Düsseldorf schwört er, es dem Konkurrenten heimzuzahlen, der ihm das Geschäft vermasselte. Jahre später kommt die Gelegenheit - da ist er bereits Ramsch-König und eröffnet in der Graf-Adolf-Straße einen Teures billig-Laden. Er geht mit den Preisen soweit runter, daß sein Kontrahent schließlich aufgibt.

Auf der Kö

Die vornehme Königsallee, die urigen Kneipen in der Altstadt - Düsseldorf ist die Lieblingsstadt Metzens, seit er als junger Mann zum ersten Mal hierher kam. Und hier hat auch Rolls-Royce-Händler Becker seinen Laden, in den er immer gern mal reinschaut. Am liebsten aber rollt er im Rolls langsam über die Kö und sonnt sich in der Bewunderung der Passanten

Tolle Nacht

In Düsseldorf trifft Werner Metzen die Frau, die bis zu letzt zu ihm halten wird - Bettina Simon. 1987 lädt er Tina, die bei ihm beschäftigt und eine Freundin seiner Tochter Anja ist, in die Diskothek Sam's ein - und nimmt sie anschließend mit in sein Appartement. Da ist sie erst 16. „Es wurde eine tolle Nacht", erinnert sie sich (siehe Interview Seite 108).

Die Ramsch

Der unaufhaltsame Aufstieg des Werner Metzen begann 1984 mit hohen Schulden

Die Legende erzählt, das Imperium sei aus einer kleinen Eisdiele im Bonner Stadtteil Bad Godesberg erwachsen.

Es ist 1981. Zweiundzwanzig Jahre zuvor hat die SPD in nämlichem Ort ihr gleichnamiges Programm verabschiedet und damit den Grundstein zur Volkspartei gelegt. Historischer Boden also.

Der Laden ist winzig. Mit seinen hundert Quadratmetern bietet er gerade mal Platz für zwanzig Artikel, T-Shirts und Kosmetika hauptsächlich, sowie für Frau Diekmann. Offiziell ist sie die Inhaberin des Geschäfts. Denn es gibt Leute, die von Werner Metzen noch Geld haben wollen. Nach seiner Pleite in Düsseldorf läuft ein

-Ära

Ein Metzen Laden Teures billig: Die Ware stapelt sich in Kartons, die Kunden wühlen im Sonderangebot. Es herrscht eine permanente Schlußverkauf-Atmosphäre. Was die Konkurrenz zunächst belächelt, entwickelt sich zu einem Millionengeschäft

Haftbefehl zwecks Abgabe einer Eidesstattlichen Versicherung gegen ihn. Seine Verbindlichkeiten sollen zehn Millionen Mark betragen.

Ein Freund aus jenen Tagen erinnert sich: „Zuerst hat er sich einen angetrunken. Als er wieder nüchtern war, zog er los, um neues Kapital aufzutreiben."

Der Legende zufolge habe er damals nicht einmal das Geld gehabt, seinen Kindern eine warme Mahlzeit zu kaufen. Es ist alles gepfändet - bis auf 300 Mark, das Sparguthaben seines Sohnes Lars. Also klappert er Freunde ab und erfährt, was Freundschaft in der Not wert ist. Einige kennen ihn auf der Straße nicht mehr. Andere sind nicht zu Hause, obwohl sich die Gardine bewegt, wenn er klingelt. Lassen sich am Telefon verleugnen.

Der Pleitier zieht sich in seine Penthouse-Wohnung (4.000 Mark Monatsmiete) an der Düsseldorfer Münsterstraße zurück wie ein verwundetes Tier in seine Höhle und denkt nach. Seine teuren Möbel, seine Marmorstatuensammlung hat er verscherbelt, um Stromrechnung und Miete bezahlen und so wenigstens noch zwei weitere Monate in dem leeren Luxusappartement leben zu können.

Werner Böhler (heute 36), ein ehemaliger Mitarbeiter, ist überzeugt: „Keinen Pfennig hatte er für sich auf die Seite geschafft." Bei Böhler steht Metzen noch mit

Frage: Was haben alle diese

12.000 Mark in der Kreide. Ganz nebenbei: Er bekommt sie später zurück, auf Heller und Pfennig.

Metzen schläft auf einem Feldbett, das Telefon neben sich auf dem Boden. Er macht eine Aufstellung aller Flohmärkte in der Umgebung. Er nimmt Sohn Lars, 15 Jahre, aus dem Internat „Schloß Hagerhof" (Schülerslogan: Biste reich, biste doof - gehste auf den „Hagerhof") nahe Bad Honnef. 800 Mark im Monat sind zuviel, jedenfalls für Schulbildung.

Vater sagte: Du brauchst keine Schule, nur soviel Grips, daß du überleben kannst. Rechnen und Schreiben genügt. Also ging ich nach der neunten Klasse von der Schule ab. Ohne Abschluß!

Er schickt den Junior los, Geld aufzutreiben. Einem Kind schlägt man so leicht nichts ab. Es kommen tatsächlich ein paar Tausend Mark zusammen.

Er braucht einen fahrbaren Untersatz. Wie er es anstellt, ohne einen Pfennig Bargeld zu einem Auto zu kommen, ist typisch für ihn. Werner Schäfer, Besitzer eines Autohauses in Brohl, erzählt die Episode:

„Er kam zu mir, weinte. `Die haben mir alles genommen - wo ich doch gerade wieder gut ins Geschäft kommen könnte.´ Er schwärmte von einem Neuanfang, vom großen Geld. Er hatte Pläne und konnte einen echt begeistern. Tja, da habe ich ihm einen alten Audi geschenkt..."

Metzen wird solche Gefälligkeiten nie vergessen. Später kauft er die meisten seiner Autos bei Schäfer. Immer auf „Ziel", das heißt: mit wöchentlichen Ratenzahlungen. „Nee", betont Schäfer, „der Werner is uns nix schuldisch jeblieben..."

„Im Handel muß man immer neue Wege beschreiten"

Den Audi packt er voll mit Modeschmuck, den er von dem aufgetriebenen Startkapital gekauft hat, billiger Tand aus Fernost, als Accessoire so schick wie ein blaues Auge. Damit fährt er zum Flohmarkt nach Duisburg. Er verkauft mit der Aggressivität eines Mannes, der mit dem Rücken zu Wand steht. Schreit über den Platz: „Leute, der ganze Kram muß weg. Runter mit den Preisen! Jetzt wird alles für Pfennige verschenkt!"

Er braucht den Erfolg so dringend wie Sohn Lars ein paar Winterstiefel. Es ist Februar. Schneidende Kälte. Der Junge trippelt frierend von einem Bein aufs andere. Ein paar Stiefel kosten 39 Mark. „Zu viel", findet er selbst und beißt die Zähne zusammen. Abends macht der Alte Kassensturz, und Lars bekommt seine Stiefel.

Nach zwei Wochen ist Werner Metzen bereits der umsatzstärkste Händler auf dem Markt. In jener Zeit macht er eine wichtige Entdeckung. Sie dreht sich um das Prädikat „billig". Nicht preiswert muß eine Ware sein, nicht günstig oder ergiebig, nein: BILLIG! Er erkennt: Die zweite Bedeutung des Wortes im Sinne von „minderwertig" spielt bei einer Kaufentscheidung dann keine Rolle, wenn der Kunde überzeugt ist, ein Produkt zu einem einmaligen Tiefstpreis erstanden zu haben. Egal, ob er es braucht oder nicht.

„Ich biete den Leuten ein neues Kaufgefühl"

Werner Metzen brütet einen Slogan aus: Teures billig. Die Verwendung zweier an sich unvereinbarer Gegensätze als Firmenmotto basiert auf der Erkenntnis, daß eine Botschaft am wirkungsvollsten ist, wenn sie verblüffend einfach formuliert wird. Er weiß aber auch: Billiges heißt im Volksmund auch Ramsch. Er beschließt, der König des Ramschs zu werden und eröffnet seinen ersten Laden nach dem Fiasko von Düsseldorf auf den Namen seiner ehemaligen Mitarbeiterin Sabine Dortmunder[*].

Später wird Werner Metzen übrigens einmal versuchen, den Namen Teures billig urheberrechtlich schützen zu lassen - was ihm jedoch nicht gelingt: Das Patentamt lehnt es ab - die Wortkombination ist zu beliebig.

„Ramsch - na und? Ich werde der König des Ramschs!"

Zunächst geht seine Rechnung jedoch auf. Das kleine Geschäft platzt bald aus allen Nähten. Ein zweites wird eröffnet, ein drittes...

---
[*] Name geändert.

Gegenstände gemeinsam?

Noch heute erzählt Werner Böhler fast ehrfürchtig, wie Metzen nach wenigen Wochen über einen Warenbestand im Wert von 1,2 Millionen Mark verfügt. 1981 kostete ein Liter Benzin weniger als 1 Mark, und einen nagelneuen Mercedes gab's für 20.000 Mark.

Sein wichtigster Partner in jener Zeit ist Sohn Lars.

Der Anfang des Metzen-Imperiums - was war das für eine Zeit?

Eine verrückte! Vater hatte ja schon vorher in seinem Laden Metzen-Preisknüller Billig-Artikel verkauft, aber jetzt baute er die Idee zielstrebig aus. Das heißt: Billigst einkaufen und mit mehreren hundert Prozenten Gewinn veräußern.

Was war ihre Aufgabe im Geschäft?

Zunächst der Einkauf. Ich bekam schon sehr früh weitestgehende Vollmachten. Mit 15 durfte ich bis 2.000 Mark allein entscheiden. Mit 17 führte ich eine Filiale selbständig. Einmal bekam ich ein tolles Angebot: Baustellenschilder mit der Aufschrift „Betreten verboten" und „Eltern haften für Ihre Kinder", ein Gag für Partykeller, 10 Pfennig das Stück, dazu T-Shirts und Aufkleber. 15.000 Mark sollte alles kosten. Weil ich aber nur bis 2.000 gehen durfte, streckte ich den Einkauf über mehrere Tage. Die Sachen schlug ich mit 900 Prozent Gewinn wieder los. Vater war ganz aus dem Häuschen vor Begeisterung und gewährte mir fortan völlige Unabhängigkeit.

„Ich kaufe nur, womit ich viel verdienen kann"

Moment mal! Eben ganz unten und nun schon wieder dick im Geschäft - wie ist das möglich?

Vater hatte einen untrüglichen Instinkt. Und er war ein eiskalter Verhandlungspartner. Er schnitt die Bekanntmachungen von Konkursverfahren aus der Zeitung aus, klapperte die Firmen ab und kaufte, was er kriegen konnte. Einmal entdeckte er auf diese Weise ein ganzes Lager voller Rollschuhe und Skateboards, alle in ihre Einzelteile zerlegt. Der Konkursverwalter war froh, das Zeug für ein paar Hundert Mark loszuwerden. Wir bauten die Dinger wieder zusammen und verkauften sie für 9.99 das Stück. Ein Bombengeschäft.

Ging das immer so glatt?

Natürlich nicht. Vater plante, in den Großhandel einzusteigen und verkaufte unseren ganzen Warenbestand an einen Untermieter in einer unserer Filialen - für eine Million Mark. Der Mann zahlte 50.000 an - und machte pleite. Das Dumme war: Wir steckten noch in den Mietverträgen drin und mußten alle Verpflichtungen daraus übernehmen. Die Ware war futsch - und wir fingen ganz von vorn an. Aber Vater ließ sich nie unterkriegen. Er war ein Stehaufmännchen.

Die Garage einer Villa in Krefeld, die Vater Metzen mit Sohn Lars und Tochter Anja inzwischen bezogen hat, dient als Lager, ein Chevrolet Van, bei Schäfer gebraucht gekauft, als Büro, Transporter, Wohnzimmer.

Die Zahl der Filialen steigt in wenigen Jahren auf 13, und Werner Metzen sieht sich vor die Notwendigkeit gestellt, dem Ganzen einen wirtschaftlichen Rahmen zu geben. Es entsteht die Metzen GmbH Handel mit Posten aller Art. Mit dabei Schwester Barbara. Sie ist 12 Jahre jünger als Werner. Eine ehrliche, tapfere junge Frau, mit der es das Leben nicht immer gut meinte. „Ich hatte nichts gelernt", sagt sie offen, „und war froh, in die Fußstapfen meines Bruders treten zu können. Ich habe viel von ihm gelernt."

„Los, macht Umsatz - der Laden muß laufen!"

Die Metzen-Kette stößt mit den Billigläden auf die exklusiven Verkaufsmeilen von Frankfurt und Düsseldorf vor.

Die Nachbarschaft rümpft die Nase. Die brasilianische Fluggesellschaft VARIG, Nachbarin seines Ladens (150 qm) am Frankfurter Hauptbahnhofsvorplatz, läßt ihm untersagen, sein Geraffel auf dem Bürgersteig feilzubieten. Mausefallen für 'nen Groschen neben Poster vom Zuckerhut - undenkbar!

Die „Damen" aus dem nahen Bahnhofsviertel sind gern gesehene Kundinnen; Sie probieren die Blusen für 3,99 ungeniert mitten im Laden an. Metzen muß seine Schaufenster verkleben.

Sie machten ihn reich!

Sei's drum! Für die Schwerfälligkeit konventioneller Kaufleute, für ihre gediegenen Geschäfte mit den dicken Teppichen, dem Mahagoni-Interieur oder High-Tech-Ambiente hat er eh nur Spott übrig. Seine Läden versprühen den Charme von Durchgangslagern. Es sieht immer aus, als sei gerade neue Ware gekommen, die das Personal noch nicht eingeräumt habe.

Aber: einräumen - worin? Es gibt keine Regale. Nur Kartons, mit knallgelb-roten Preisschildern versehen. Eine Art Non-Food-Aldi. Luxus ist nebenan, hier ist Ware pur. Das Einkaufserlebnis reduziert sich aufs Wesentliche. Parfüms, Sonnenbrillen, Spielsachen, Sportschuhe, Kerzen, Klodeckel, Wollschals, lederne Nilpferdpeitschen, Tischtennisbälle, Haarklammern - der Kunde darf nach Herzenslust wühlen. Um so größer ist das Glücksgefühl, wenn er was Passendes gefunden hat.

Die Metzen GmbH gleicht einem unter Billigflagge fahrenden Containerschiff. Der Kapitän heuert Mannschaft an, in erster Linie Hausfrauen, die dringend Geld brauchen. Clarissa* zum Beispiel. Sie ist zwanzig und beginnt als Aushilfe für zehn Mark die Stunde. Später kriegt sie zwosechs netto, „aber dafür mußte ich zwölf Stunden am Tag malochen". Wenn eine Filiale durchhängt, herrscht der Chef seine Leute per Telefon an: „Los, macht Umsatz. Der Laden muß laufen!" Nützt das nichts, schaut er persönlich vorbei. Clarissa* ist noch heute beeindruckt: „Es war faszinierend, dieses Organisationsgenie zu beobachten."

„Weniger als 100 Prozent Gewinn ist ein Flop"

• So macht Metzen beim Zoll in Frankfurt eine Ladung Messingartikel - Schirmständer, Vasen - aus, deren Eigentümer die Einfuhrsteuer nicht zahlen konnte, und erwirbt den ganzen Plunder für eine Mark das Stück. Verkaufspreis: 25 Mark. Gewinn: 2.400 Prozent.

• Er ergattert eine Lastwagenladung bunt bedruckter Vorleger, die als Ladenhüter bereits eine Odyssee durch mehrere Länder hinter sich haben. Bei ihm finden sie reißenden Absatz, als „Gebetsteppiche" deklariert - bei türkischen Mitbürgern.

„Meinen Scheibenkleister" nennt er sein Sortiment liebevoll und abschätzig zugleich. Er selbst kultiviert seine Vorliebe für Luxus zum barocken Lebensstil.

Aber das ist eine andere Geschichte...

* Name geändert.

Das Wundertüten-Prinzip: Jeden Tag ein neues Einkaufserlebnis

„Bei mir kaufen die Leute nicht, weil sie etwas brauchen, sondern weil's billig ist."

Zeit, mit einem Vorurteil aufzuräumen: Metzen-Kunden sind nicht unbedingt arm. Unter ihnen gibt es Anwälte und Chefärzte, Steuerberater, Handwerksmeister. Was sie suchen, ist ein neues Einkaufserlebnis. Sie wollen überrascht werden. Metzen hat das Wundertüten-Prinzip in den Einzelhandel eingeführt. Mal sind es Skistöcke für eine Mark, mal Besen für fünf Pfennige, mal Anzüge für 9,90. Das Angebot wechselt täglich.

Und während der „Herr der Reste" (Wirtschaftswoche) früher seine Ware selbst suchte, kommen jetzt immer mehr Firmen auf ihn zu und bieten ihm ihre überschüssigen Produkte an. Für ihn ist das Geschäft so spannend wie für seine Kunden: „Morgens weiß ich noch nicht, was ich nachmittags verkaufe."

1988 eröffnet Metzen an der Düsseldorfer Graf-Adolf-Straße wieder einen Laden (li.) - in einem ehemaligen Küchenzentrum (kl. Foto oben). Sein „Wundertüten-Prinzip" - jeden Tag eine neue Überraschung - schlägt ein: Oft gelangt die Ware nicht mal in den Laden - schon auf der Straße werden die Kartons aufgerissen (oben). Sonderstände und Imbißbuden kurbeln den Umsatz zusätzlich an (re.)

Die

Wo Werner Metzen auftaucht, ist was los. Im Handumdrehen verkauft er Plunder, den eigentlich niemand braucht. Ein Genie mit einem feinen Gefühl für Massenstimmungen

„Wir saßen in seinem Chevy-Van, den er vor seinem Laden in der Bonner Fußgängerzone geparkt hatte. Werner zählte die Leute, die reingingen. Wir saßen eine Weile so da, aber es ging kaum einer rein. Tote Hose. `Jede Menge Leute auf der Straße´, knurrte er, `aber keiner im Laden. Paß' mal auf, wie das geht.´ Er schnappte sich das Megaphon, baute sich vorm Geschäft auf und rief: `Leute, wir reduzieren. Die Preise werden ra-di-kal gesenkt. Alles muß raus - für ein paar Pfennige!´ Keine Viertelstunde später traten sich die Kunden gegenseitig auf die Füße."

Noch heute erzählen alte Weggefährten Episoden aus dem Leben der Verkaufskanone Werner Metzen.

Er war Psychologe und Schauspieler und entwickelte ein subtiles System der

Bei Metzen gerät der Verkauf von der Rampe zur perfekten One-Man-Show. Und wenn er sich dabei die Hose zerreißen muß - darauf stößt er schon mal mit seinen Kunden an

Verkaufskanone

Verführung, eine Mischung aus Emotion und Kalkül. Es zielte darauf ab, eine Stimmung zu erzeugen, in der sich der Kaufrausch ungehemmt Bahn brechen kann.

Metzen-Regel Nr. 1: Wecke die Neugierde der Menschen!

Ein Geschäft, das seine Preise reduziert, ist nichts Besonderes, aber ein Händler, der sein ganzes Sortiment für'n paar Groschen „verschenkt", ist ungewöhnlich. Sprich laut! Schreie! Brülle: „Räumt das Lager! Gebt alles weg!"

Metzen-Regel Nr. 2: Sorge für Endzeitstimmung!

Ein Schnäppchen ist nur dann eins, wenn es lediglich vorübergehend zu haben ist. Betone deshalb: „Solange der Vorrat reicht! Nur noch wenige Kartons am Lager!"

Metzen-Regel Nr. 3: Wenn du das falsche Publikum hast, warte auf neues!

Nicht immer sind die Passanten gerade in Kaufstimmung. Dann packte Metzen sein Sortiment auf einen Lastwagen, fuhr einmal um den Block - und lud es publikumswirksam wieder aus: „Leute, neue Ware ist da! Alles spottbillig - direkt von der Ladefläche!"

Metzen-Regel Nr. 5: Wo Menschen stehen, kommen andere dazu!

Nichts ist trostloser als ein leerer Laden. Also heuerte Metzen Schein-Kunden an, die den Eindruck von reger Nachfrage erweckten.

Metzen-Regel Nr. 6: Werde niemals penetrant!

Verkäufer, die sich aufdrängen, stoßen ihre Kunden ab. Höre auf zu schreien, wenn du die Aufmerksamkeit der Menschen gefesselt hast - sie fühlen sich sonst bedroht.

Lars ist 14, als ihm der Vater erste Lehrstunden in „Propaganda" erteilt. Er stellte mich auf die Ladefläche eines Lasters und befahl: „Los, brülle!" Ich war noch ein bißchen schüchtern und fragte: „Was soll ich denn brüllen?" „Egal! Mach die Leute neugierig."

Schon bald inszenieren die beiden Metzens den »Verkauf vorm Laden«, den improvisierten Straßenhandel wie Gesundbeter in den USA ihre Massenheilungen. Als Höhepunkt ihrer Show schleudern sie einzelne Waren - Lederjacken für 15 Mark, Schmetterlingsgürtel für 2 - ins Publikum.

Vater hatte bei einem Souvenirhändler Figürchen, Fähnchen, Teller gekauft - eine Palette für 100 Mark. Wir wollten die Kisten vom Lkw hieven, da platzte eine auf und alles ergoß sich auf den Bürgersteig. Schöne Bescherung! Ich rief: „Das Zeug muß von der Straße, greifen Sie zu. Nur eine Mark das Stück!" Wir trugen eine Kasse auf die Straße, luden schnell auch noch die anderen Kisten ab, und der Verkauf ging los. Massenauflauf. In den Läden rundherum ließen sie alles stehen und liegen und strömten zu uns. Schließlich kam ein Mann vom Amt und wollte uns den Verkauf verbieten, aber die Menschenmenge bedrohte ihn, so daß er wieder abziehen mußte. Es war eine richtige Verkaufsorgie - Wahnsinn!

Verkauf vom Laster: „Leute, alles muß weg!"

Entertainer mit Hut: „Heute wird alles verschenkt - für Pfennige!"

Auch Lebensmittel wie Backpulver und Yoghurt werden verramscht

Im feinen Zwirn vor der Skyline von Monte Carlo

Kleider

Seine Vorliebe für ein schickes Outfit trägt ihm schon früh Spott und Neid und auch den Spitznamen „Graf" ein. Werner Metzen gefällt's, und er gibt später für einen einzigen Anzug fast ein Vermögen aus

Immer etepetete: Dandy Werner im dunklen Anzug bei einer Minigolf-Partie

„Warum soll ich jetzt nicht edle Kleidung tragen? Ich hatte immer abgetragenes Zeug als Kind." Glatt gelogen, Werner Metzen!

Rückblende: Er ist fünf, ein goldiger, eitler Fratz. Bevor er zum Kindergarten geht, dreht er sich vorm Spiegel und fragt: „Passen die Sachen auch alle zusammen?"

Als er 16 ist, schenkt ihm der Vater den ersten maßgeschneiderten Anzug. Seine Eitelkeit treibt Blüten: Selbst bei größter Hitze geht er stets im Anzug und mit Schirm aus dem Haus. Seine Freunde nennen ihn „den Grafen". Selbst als sein Andenkenladen schlecht läuft, kommt er picobello gewandet einher. „Deine Garderobe ist dein Kapital", sagt er und läßt sich von den Eltern finanziell unterstützen.

Die Klamotten konnten nicht teuer genug sein!

Schickes Outfit vor schicken Autos...

... und abends beim Empfang im Smoking

machen Leute

Er bekommt einen Blick fürs modische Detail. Seine Manschetten tragen seine Initialen, keck lugt das Kavaliertüchlein aus der Brusttasche. Die Summen, die er für Garderobe ausgibt, steigen ins Unermeßliche. Für ein Sakko blättert er schließlich 4.000 Mark hin, für Schuhe mit goldenen Schnallen 2.000, für Hemden und Krawatten 1.000. Seine Anzüge läßt er sich mit Vorliebe beim Baden Badener Herrenausstatter Ralf Wiechmann maßschneidern, für 8.000 Mark das Stück. Zwei davon ordert er im Monat. 40 Anzüge, vorwiegend Zweireiher, hängen schließlich in seinem Schrank.

Sakkos in allen Farben

Selbst Sakkos von schreiendem Gelb und Anzüge von giftigstem Grün wirken an ihm edel. Bei einer Gala in Düsseldorf erscheint er als einziger in einer Kombi aus dunkler Hose und feuerrotem Jackett und erweckt dennoch zwischen all den Smokingträgern den Eindruck des bestangezogenen Mannes.

In Lloret de Mar verzichtet er an der Strandbar zwar gern aufs Hemd, niemals jedoch aufs Sakko. Braungebrannte Brust unter kühler Seide.

Fast körperliche Pein verspürt er, hat er es mit schlecht gekleideten Menschen zu tun. Vom modischen Outfit seiner Verlobten Andrea (Seite 104) ist er hingerissen. Über die Tochter eines millionenschweren Schrotthändlers, die er bei einer Fete im Lokal Bierdorf kennenlernt, lästert er: „Die war angezogen wie Tante Emma." Seinen Münchner Filialleiter weist er an: „Kaufe dem Alexander was Anständiges zum Anziehen."

„Alexander" - das ist immerhin jener Prinz Carl Alexander von Hohenzollern, den er bei Metzen Teures billig als Assistent der Filialleitung angestellt hat.

Costa-Brava-Look mit Prinzessin: Jackett ohne Hemd fand er „sexy"

Und schreiend gelb in der Strandbar.

55

Ein historischer Moment: Die Grenze zwischen Ost und West wird überwunden. Auch für die Metzens beginnt eine neue Zukunft

Die Mauer fällt

Und der Ramsch-König schickt gleich drei Ramsch-Laster rüber!

Am Abend des 10. November 1989 sitzen Werner Metzen und Sohn Lars in der Bensheimer Firmenzentrale vorm Fernseher und sehen Bilder, die die Welt bewegen: Eine Baggerschaufel schiebt sich zum ersten Mal seit 28 Jahren über die Mauer in Berlin. Dann beißen die Baggerzähne das erste Stück aus dem „antiimperialistischen Grenzwall". Menschen aus Ost und West singen: „Einigkeit und Recht und Freiheit..."

Im Metzenschen Hauptquartier ist die Stimmung eher gedrückt. Die Geschäfte laufen nicht mehr so gut. Und es gab einige Nackenschläge in jüngster Zeit. Das Geld ist knapp.

• Der Pächter eines anderen Ladens in Krefeld ist über Nacht auf und davon - mit dem ganzen Warensortiment.

• Aus der Filiale am Frankfurter Hauptbahnhof, die von Tochter Anja geführt wird, sind 90.000 Mark verschwunden.

• Altlasten liegen schwer auf der Metzen Warenhandelsgesellschaft mbH: „Bereits 1984 war schon mal ein kritischer Punkt erreicht. Die Rechnungen stapelten sich, das Finanzamt wollte 120.000 Mark, der Gerichtsvollzieher war Stammgast", erzählt eine ehemalige Mitarbeiterin.

Werner Metzen, der seine Maisonette-Wohnung (5.000 Mark Monatsmiete) in Düsseldorf gegen ein 30 Quadratmeter winziges Appartement im Rotlichtviertel vertauscht hatte, wo er auf einer Pritsche schlief, logiert nun in einem „Wohnbüro" im Bensheimer Industriegebiet. Vorn kombinierter Wohn- und Geschäftsraum, hinten Schlafzimmer und Bad.

„Wir lebten nur von der Hand in den Mund"

„Wir lebten damals von der Hand in den Mund", erinnert sich seine ehemalige Lebensgefährtin. „Wenn er Geld brauchte, nahm er es sich aus der Kasse."

Eine Buchführung gibt es nicht. „War etwas zu bezahlen", erzählt ein Ex-Mitarbeiter, „telefonierte er alle Filialen ab: `Wieviel habt ihr in der Kasse? Schickt schnell Geld!'"

Der Engpaß nimmt skurrile Züge an. Ein Lieferant erscheint jeden Morgen in der Zentrale, um die tägliche 400-Mark-Rate für eine Lieferung Glückwunschkarten im Wert von 30.000 Mark abzuholen. „Einmal blieb ich im Stau stecken - und kam zu spät. Das Geld war schon anderweitig verbraucht worden."

Zu allem Überfluß hat ihm die Bensheimer Stadtverwaltung seinen besten Laden, die Filiale im Industriegebiet, dichtgemacht. Sie ist nur als Lager genehmigt, nicht als Verkaufsfläche.

Vor allem aber: Der Ramsch wird knapp. Sohn Lars muß immer größere Anstrengungen unternehmen, um Billiges billig aufzutreiben.

Grenze auf: Der Alte glaubt an einen Trick

Nun ist es keineswegs so, daß die TV-Bilder bei Werner Metzen Euphorie hervorgerufen hätten. Als Sohn Lars meint, es sei schade, keinen Laden in Berlin zu haben, entgegnet er skeptisch: „Vielleicht machen die ihre Grenze wieder dicht. Das könnte ein Trick von den Brüdern sein."

Dennoch schickt er, von den Massen hereinflutender DDR-Bürger beeindruckt, zwei Lastwagen zum ambulanten Verkauf los - Richtung Grenze. Er schärft den Fahrern ein, keinesfalls das Bundesgebiet zu verlassen. „Könnte sein, daß die mir die Laster konfiszieren..."

Das Ergebnis ist gleichwohl niederschmetternd: 600 Mark Umsatz.

„Ich begriff - im Osten liegt die Zukunft!"

Dennoch sieht Lars im untergehenden Arbeiter- und Bauernstaat die Lösung des Warenengpasses. Im Frühjahr 90 „macht" er rüber. Er quartiert sich in einem Erfurter Hotel ein und erlebt ein blaues Wunder:

In jeder Straße, auf jedem Platz standen Wessis mit Verkaufstheken, die Leute kauften wie verrückt. Ich begriff: Hier ist die Zukunft.

Erste Kontakte zu Ost-Firmen verlaufen enttäuschend. Der eloquente Jung-Unternehmer aus dem Westen blitzt bei den VEB-Funktionären ab.

Begegnung mit Folgen am Rande der Autobahn

Die saßen auf dem hohen Roß und verlangten Phantasiepreise. Die sagten: „Wenn Sie nicht kaufen, liefern wir halt nach Rußland." Die waren noch nicht reif.

Schicksalhafte Begegnung. Auf der Rückfahrt trifft der frustrierte Schnäppchenfahnder in einer Raststätte bei Eisenach eine jener schillernden Figuren, die in der prickelnden Atmosphäre der Wendezeit überall auftauchen. Der Mann hat im thüringischen Heilbad Heiligenstadt ein Warenlager voll Gebäckpressen, Plastegeschirr und Damenhandtaschen - 70 verschiedene Artikel. Lars Metzen riecht die Chance seines Lebens.

Wir hockten die ganze Nacht zusammen. Weiß der Himmel, wie der das ganze Zeug um die Planwirtschaft herummanövriert hatte. Ich saß einem Bonbon gegenüber, das ich nur noch auswickeln mußte.

Jetzt wird der Osten verhökert

Ramsch-König mit Honecker-Nachlaß: NVA-Uniformen. Er verscherbelt sie als Party-Gag

Ein häßliches Wort: Wendegewinnler.

Werner Metzen ist einer. „Sein Durchbruch kam mit der deutschen Vereinigung", schreibt die Süddeutsche Zeitung. „Nach der Wende raffte Metzen alles an sich, was die DDR an Altlasten zu bieten hatte", der Spiegel.

So einfach ist es nun auch wieder nicht. Werner Metzen besitzt zwölf Läden im Bundesgebiet und betrachtet die Entwicklung in der zerfallenden DDR mit Skepsis. Was Sohn Lars drüben kauft, ist ihm nicht geheuer. „Kram", sagt er abschätzig. „50er-Jahre-Design. Das kauft hier niemand." Unbeirrt kurbelt Lars das Ost-Geschäft an.

In Thüringen trieb ich 26.000 Pullover auf. Der Volkseigene Betrieb wollte 8 Mark pro Stück, ich handelte ihn auf 1 Mark runter. In der Zwischenzeit waren die Russen, die Hauptabnehmer, finanziell klamm geworden und in der Ex-DDR nur noch West-Produkte gefragt. Auf dem Rückweg stoppte ich auf dem Marktplatz von Gotha. Da bot eine Frau ähnliche Pullover für 49 Mark an. Ihr Geschäft lief schleppend. Ich kaufte ihr die Standgenehmigung für einen Hunderter ab, öffnete die Ladeklappe des Lasters und rief: „Alles mal herhören! Hier kommt was ganz Verrücktes: Jeder Pullover für 8 Mark!" In zwei Stunden hatte ich 8.000 Mark Umsatz gemacht.

Vater ist beeindruckt. Revidiert seine Meinung über den Osten und fährt endlich selbst mal rüber.

Die Metzen-Tournee durchs „Beitrittsgebiet" gerät zum Triumphzug und nimmt künftigen Glanz vorweg. Lebensgefährtin Bettina Simon war dabei: „Er fuhr mit dem Rolls durch Mecklenburg und schenkte den russischen Soldaten stangenweise Zigaretten. Die haben ihn vergöttert, auf den Schultern getragen."

Sein ehemaliger Mitarbeiter Ralf Schneckenburger (heute 31): „Er kaufte einen Lastzug voller Bücher - Hotelführer der DDR -, eigentlich nur noch Altpapier, zum symbolischen Preis von einer Mark. `Was willst'n damit?´ fragten wir erstaunt. Der Werner meinte nur: `Das is'n Stück DDR. Wie die Mauer. Die verkloppen sie ja auch stückweise.´ Die Bücher fanden im Westen reißenden Absatz = für eine DM das Exemplar. Es wurde ein Bombengeschäft."

Metzen ordert Hammer- und Sichelfahnen für 40 Pfennig das Stück. Ladenpreis: je nach Größe zwischen 3,90 und 19,95. Deutschland-West deckt sich beim Kapitalisten Metzen mit „Wink-Elementen" ein. Es gibt Halstücher und Gürtelschnallen (Aufschrift: „Seid bereit") der Parteiorganisation Ernst Thälmann und Stikker der Sportgemeinschaft Traktor.

Aber Metzen weiß, daß der Bedarf an Ost-Klamauk in der alten Bundesrepublik bald gedeckt sein wird. Er beschließt, den Bürgern der Ex-DDR das zurückzugeben, was sie eigentlich nicht mehr haben wollen: Ost-Produkte.

Metzen goes east! Auf dem Gelände einer ehemaligen Spielwarenhandlung in Blankenburg, das er für 150.000 Mark günstig bekommt, eröffnet er seinen ersten Ost-Markt und verramscht auch hier, was nach Expertenmeinung als unverkäuflich gilt: Schuhcreme aus dem VEB Wittol Wittenberg, Skistöcke von Germina, Einheitsschuhe aus dem Kombinat Banner des Friedens, Filz-Einlegesohlen von der PGH Neues Leben, falsche Wimpern Marke Venus vom VEB Leboflex Leinefelde, Ostergras aus Sebnitz, Luftballons von Plaste & Elaste Schkopau, das Kaffeeservice Rhapsodie aus Kahla, Seitenschwerter für Faltboote Typ Kolibri des VEB Mathias-Thesen-Werft Wismar. „Hier wird der Rest der DDR verhökert", stellt eine ostdeutsche Lokalzeitung verblüfft fest.

Was will der mit 10.000 Gasmasken? Klar: Kohle machen!

Gasmasken im Karneval
Ein hessischer Ramschhändler macht Millionengewinne mit Ladenhütern aus alten DDR-Zeiten.

Oma Leontine Müller, 61, hat was Hübsches entdeckt. Sie greift ins Regal. Doch die Stiefelchen Modell „LF Hopser, pepitafarbig", sind leider nichts „fürs Enkele". Mathias ist schon ... aus dem ...

Metzen kauft alles, was die DDR an Altlasten zu bieten hat. Zum Beispiel 269.000 Teile von NVA-Uniformen - und Gasmasken, die Gebrauchsanweisung in kyrillischer Schrift.

Wer, um alles in der Welt, braucht so etwas?

Das war im November, und Vater sagte: „In ein paar Monaten ist Fasching. Die tragen die Leute auf dem Maskenball." Und so kam es auch.

Wie sind Sie da drangekommen?

Sie stammten aus NVA-Beständen und waren als „Müll" deklariert. Der Besitzer hatte sie seinerzeit nur wegen der Gitterboxen, in denen sie aufbewahrt wurden, gekauft und wollte sie loswerden. Wir nahmen 20.000 Stück für je eine Mark und verkauften sie für 9,95. Etwa 100 Stück wurden wir am Tag los. Immerhin knapp 1.000 Mark Umsatz. Wir verkauften aber auch noch NVA-Schutzanzüge - als Angleranzüge. Die liefen prima.

Es macht den Eindruck, als hätten Sie ziemlich wahllos gekauft.

Es ging Vater in erster Linie darum, alle Bestände in die Hand zu bekommen, damit für die Konkurrenz nichts mehr übrig blieb. Denn es war uns klar, daß wir kein Monopol im Postenhandel hatten.

Original Gasmaske aus NVA-Beständen

Werner Metzen im Immobilienrausch

Er kauft wie verrückt Grundstücke - Fabriken, eine LPG und eine Ziegelei

Immobilie in Blankenburg. Auf dem Gelände eines Sportartikelhandels entsteht Metzens erste und einzige selbst errichtete Verkaufsstelle

Von Gera aus schlängelt sich die Landstraße über Trebnitz, Schwaara und Mückern ins zwölf Kilometer entfernte Nauendorf. Eine langgestreckte Halle, Ställe, diverse Gewächshäuser zeichnen sich gegen den thüringischen Himmel ab. Zu Zeiten des Proletarierparadieses betrieb die LPG Brahmenau hier Gemüsebau und Viehzucht. Und nun kommt Werner Metzen.

Die Osterweiterung seiner Handelskette betreibt er mit der gleichen Konsequenz, die er beim Aufkauf von DDR-Ladenhütern an den Tag legt.

Für „die paar alten Kuhställe" (Sohn Lars abschätzig) blättert er - in Raten - eine Million auf den Tisch. Heutiger Schätzwert: 80.000 Mark. Sekretärin Christine Skowron erinnert sich, mit 200.000 Mark im Koffer nach Gera gefahren zu sein, um die Anzahlung zu leisten.

Vordergründig durchaus eine lohnende Investition: Metzen - Teures billig eröffnet auf 1.800 qm seinen bisher größten Ramschladen. Das Geschäft boomt. Die Gewächshäuser verscherbelt der „Resteverwerter des

Er sitzt auf 200.000 Gläsern Babybrei und futtert ihn selbst

Wie unfehlbar ist der Plunderpapst? Auch ein Werner Metzen macht Fehler. Aber er löffelt den Brei aus, den er sich eingebrockt hat.

Einmal kauft er 200.000 Gläschen Babynahrung. Eine Gelegenheit: 18 Pfennig das Stück. Die Sache hat einen Haken: Das Verfalldatum ist bald erreicht.

„Das wird ein tolles Geschäft", jubelt er. „Wir verkaufen das Glas für 70 Pfennig. Normalerweise kostet so etwas über 2 Mark."

Sein Sekretariat ist skeptisch: „Keine Mutter füttert ihr Baby mit etwas Billigem. Die muß doch glauben, das Zeug sei verdorben."

„Unsinn! Das ist doch nicht nur für Kinder, sondern auch ideal für alte Leute, die keine Zähne mehr haben." (Anmerkung: Metzen kaute selbst bereits mit den Dritten.)

Er läßt sich nicht beirren - und bleibt auf dem Posten sitzen. Sekretärin Christine Skowron: „Er ging selbst in die Läden und versuchte, das Zeug an die Frau zu bringen. Ohne Erfolg. Also, wohin damit? Rußland? Polen? Rumänien? Verrückt: Keiner wollte es haben. Was machte Werner? Er futterte selbst jeden Tag riesige Mengen davon, aber es wurde natürlich nicht weniger. Schließlich verschenkt er den Brei in den Ostblock."

Kommunismus" (Der Spiegel) gleich weiter.

In dem Harz-Städtchen Blankenburg erwirbt er das Gelände eines Sportartikelgroßhandels, 4.800 qm, in Blintendorf (Thüringen) eine Ziegelei, in Angermünde und im vorpommerschen Rehberg insgesamt 37.000 qm, mit Lagerhallen bestückt.

Er ist rastlos. Daß die Preise weit überzogen sind, schert ihn nicht. Er zahlt bar und beeindruckt die lokalen Honoratioren mit großen Plänen. Hotels will er bauen, Arbeitsplätze schaffen. Sie danken es ihm mit einer großen Geste, benennen die Straße in Nauendorf, wohin er seinen juristischen Firmensitz verlegt, nach ihm.

Während sich Einheitskanzler Kohl in Halle mit Eiern bewerfen lassen muß, wird Metzen wie ein verdienter Held des Volkes gefeiert: „Wenn ich mit meinem Rolls in den Osten fahre", weiß er, „erwarten mich die Bürgermeister mit dem roten Teppich, und das Volk jubelt mir zu."

Sohn Lars, der das Ost-Geschäft angekurbelt hat, läßt sich von der Euphorie indes nicht anstecken.

Warum?

Erstens sah ich in der Form, wie Vater den Postenhandel in den neuen Bundesländern aufziehen wollte, keine Zukunft. Und zweitens waren die Immobilien unüberlegt zusammengekauft.

Ihr Vater hat viel Kapital im Osten investiert...

... wovon am Ende gar nichts mehr übrig war. Er nahm das Geld immer aus den laufenden Einnahmen. Kein einziger Immobilienkauf wurde vernünftig finanziert, niemals ein Experte zu Rate gezogen. Der Wert des Grundstücks in Blankenburg zum Beispiel, für das er 150.000 Mark zahlte, beträgt heute null, weil erst mal Tausende ausrangierter Kühlschränke entsorgt werden müssen, die ein Untermieter illegal dort abgelagert hat.

War dies der Anfang vom Ende des Metzen-Imperiums?

Die Medien haben damals meinen Vater als den „Ramsch-Millionär" gefeiert. Der Spiegel schrieb, er mache Millionengewinne mit Ladenhütern aus DDR-Zeiten. Von Gewinnen konnte aber keine Rede sein, weil das Geld, wie ich später feststellen mußte, versickert ist. Es hätte alles anders kommen können.

Gera: Kunden stürmen Billig-Markt

Ausnahmezustand in Großenstein-Nauendorf: Menschenmassen pilgern zur ehemaligen LPG am Ortsrand, Trabi-Schlangen verstopfen die Straßen wie damals beim Aufbruch in den Westen: Ein Teures billig-Markt eröffnet. In wenigen Stunden ist der Laden fast leergeräumt.

Massenandrang im neuen Einkaufsmarkt

Als Blaublütige zum Anfassen reist Erina von Sachsen durch die neuen Bundesländer - von einem Billigladen zum nächsten. Am Rande ihrer Stippvisiten spielen sich kuriose Szenen ab. Eine Mischung aus Karneval und Adels-Verehrung

„Ei gugge da - eene echt

Die Welt der feinen Gesellschaft ist voller Gegensätze.

Als Erina Prinzessin von Sachsen den Geschäftsmann und Burgherren Paul Spinat ehelichte, scheint sie geglaubt zu haben, der Bräutigam sei vermögend - und er, sie sei von uraltem Adel...

Tatsache ist: Erina von Sachsen war in erster Ehe mit Prinz Georg Thimo, dem Enkel des sächsischen Königs Friedrich August III., verheiratet. Tatsache ist auch: Der Herr auf Schloß Drachenburg (bei Bonn) war in einer bescheidenen finanziellen Lage. Nach seinem Tod im Februar 1989 mußte die Witwe das Inventar der noblen Residenz stückweise veräußern. Der Metzen-Clan erwarb ein Jagdbild eines unbekannten Meisters für 3.500. Das war der Beginn einer wunderbaren Freundschaft zwischen dem Ramsch-König und der Prinzessin.

Fürderhin findet die zweifache Witwe, die sich mal zur „Mongolenkönigin", mal zur Herrscherin des Phantasiekönigreichs

Frau Runge strahlt

Romkerhall krönen ließ, eine neue Aufgabe - als Repräsentantin von Metzen - Teures billig. Gemeinsam mit dem Shooting-Star des Einzelhandels besucht sie dessen Ramschläden.

Zum Beispiel den im vorpommerschen Rehberg. Das liegt am Nordostrand der mecklenburgischen Seenplatte inmitten einer sandigen Heidelandschaft, umgeben von Kartoffelfeldern und Kiefernwäldern.

Eine stille, beschauliche Gegend. Hier im Dreiländereck ist so wenig los, daß selbst Unfälle mit Blechschäden als Tagesgespräch herhalten müssen. Und nun eine echte Hoheit...

Metzen-Statthalter Rüdiger Schulz ist nervös. Immer wieder kontrolliert er, ob die Preisschildchen auch akkurat angebracht sind. Er hat Blumen besorgt und große Plakate aufgehängt, die den hohen Besuch ankündigen.

Der Laden ist voll. Auch der Redakteur des Nordkurier hat sich eingefunden. Er ist auch nervös, weil er an diesem Tag noch Termine und „Ihre Hoheit" Verspätung hat. Bürgermeister Volk diktiert ihm in den Notizblock: „Fünf Hallen im Ort gehören Herrn Metzen. Wir sind froh, daß er hier Arbeitsplätze schafft."

Endlich. Der Rolls Royce biegt auf das Gelände am Ortsrand ein. Aufatmen. Prinzessin Erina betritt das Ramschparadies. Ein Grummeln geht durch die Kundenschar. Hausfrau Christine Runge aus Groß Nemerow

Prinzessin auf Goodwill-Tour: Mit Werner Metzen (Mitte) klappert sie Teures billig-Läden ab und sammelt dabei auch Spenden für Bedürftige

wird gemeinsam mit dem hohen Gast fotografiert. Sie strahlt. „Gugge da - eene echte Prinzessin" stößt Waldemar Bauer, Urlauber aus Dresden, hervor. Der Lokalredakteur notiert, die Prinzessin mache „einen ganz natürlichen Eindruck". Wie schön. Sie verrät ihm, daß ihre „Urahnen alle in Dresden begraben" seien. Sie meint natürlich: die Urahnen ihres verstorbenen Mannes, aber das geht irgendwie unter. Und daß sie Hollywood-Schauspielerin werde. Sie spiele die Rolle von Katharina der Großen. Donnerwetter.

Prinzessin Erina, im ostfriesischen Emden zu Hause, geht gern auf Tuchfühlung mit dem Volk. Im sächsischen Niederlauterstein schwärmt sie von den „noch ganz unverdorbenen" Erzgebirgsbewohnern. Bisweilen geraten die Hofberichte der Lokalpresse zur unfreiwilligen Satire. So heißt es in einem Artikel über ihren Besuch in Blankenburg (Sachsen-Anhalt), sie „wolle die Kulturschätze in den neuen Bundesländern in Augenschein" nehmen: „Hauptziel ihres Blankenburger Aufenthaltes war eine Besichtigung der neuen Verkaufseinrichtung Werner Metzens in der Alten Halberstädter Straße."

Für eine Million Mark kauft Werner Metzen eine LPG bei Gera auf, einen Teil stellt er dem Ehepaar König (links) zur Verfügung, das darauf einen Gärtnereibetrieb für Behinderte errichten will. Prinzessin Erina (3. v. l.) freut sich mit

Metzen und Angela von Hohenzollern beim festlichen Dinner. Gezahlt hat übrigens meist der Bürgerliche

Adel schmückt

Manchmal steht Prinzessin Angela von Hohenzollern morgens bis zu den Knöcheln im Misthaufen: „Mein ´Frühsport´ beginnt mit dem Stallausmisten", erklärt sie im Sommer 94 dem Gesellschaftsreporter der Riviera Côte d´Azur Zeitung. Sie habe nämlich ihre zwei Pferde, zwei Shetland-Ponys, fünf Katzen und ihren Hund zu versorgen.

Mindestens ebenso gern wie im Stall zeigt sich die Society-Größe, die unter dem bürgerlichen Namen Stölzle zur Welt kam, an der Seite von Ramsch-König Werner Metzen. Der hat ein Faible für wohlklingende Adelstitel - wenngleich ihn sich ihre Trägerinnen meist nur durch Heirat erworben haben. Es scheint, als wolle er sich das Stigma des Trödlers mit dem Glanz eines großen Namens abwaschen.

Angie Stölzles 30 Jahre jüngerer Gatte, den sie 1991 ehelichte, ist ein echter „Von": Carl Alexander von Hohenzollern, Sohn von Prinz Emanuel und Enkel von Maria Alix von Sachsen, welche wiederum jene Tochter von Friedrich August III. ist, die den Prinzen Franz Josef von Hohenzollern-Emden heiratete.

Soviel zum Gotha, zurück zu Angie. Eines Tages, so gibt sie zum besten, habe sie Werner gefragt, ob er nicht

Metzen umgibt sich gern mit großen Namen, auch wenn so mancher Titel nur erheiratet ist, und einen leibhaftigen Prinzen stellt er an die Kasse

etwas für ihren Gemahl tun könne. Der hatte sich vordem mühsam als Anstreicher durchschlagen müssen und sich durch eine Affäre mit dem türkischen Nacktmodell Hülya den „Ruf eines `geilen Deppen´ erarbeitet" (Der Spiegel).

Werner kann. Er stellt Alexander für 3.200 Mark im Monat als Assistent der Filialleitung in München ein - und zeigt sich alsbald begeistert über den Adelssproß: „Der Junge ist ´ne Sensation, obwohl er keinen Schulabschluß besitzt."

Nun räumt er also Hosenträger für 70 Pfennig ein, sortiert Socken für fünf Groschen und steht als leibhaftiger Prinz an der Kasse.

Des Blaublütigen Unbedarftheit findet Metzen nachgerade rührend, und gern erzählt er die Episode, wie er dem Prinzen abends in Lloret ein paar Hundertmarkscheine in die Hand gedrückt habe mit der Aufforderung, sich einen schönen Abend zu machen. Anderntags beim Frühstück habe ihm Alexander doch tatsächlich das Geld vollzählig zurückgegeben mit den Worten: „Werner, da war nichts los..."

Ehrlichkeit dieser Art ist „der deutsche Mini-Onassis" (Metzen über Metzen), der sich über einen stetigen Waren- und Bargeldschwund in seinen Filialen ärgert, nun wirklich nicht gewohnt, und zwischen den beiden unterschiedlichen Typen entwickelt sich so etwas wie Freundschaft.

Mehr „los" war da schon mit Beatrix von Anhalt, geborene Beate Thurnhuber. Sie verdankt ihre Standeserhöhung der Adoption durch Alexandra, welche die Ehefrau Alberts von Anhalt ist. Man sagt, bei solcherart Familienzuwächsen sei immer eine Menge Geld im Spiel, aber das ist natürlich ein Gerücht.

Metzen und Bea von Anhalt

Nur der Vollständigkeit halber sei erwähnt, daß Bea im Juli 1983 einen gewissen Michael Hipp heiratete, der mit dem gleichnamigen Babybrei-Mogul nicht verwandt ist und fortan den Namen Michael von Anhalt führte. Nach der Scheidung schloß sich Bea dem millionenschweren Münchner Baulöwen Heckl an, mit dem sie eine Tochter hat und dessen Vermögen sie nach seinem Tod 1988 erbte.

Mit Werner Metzen verbindet Bea eine innige Freundschaft. Vielleicht ist es sogar Liebe, wie er selbst sagt. Jedenfalls ist Bea ein Wesen aus der großen Gesellschaft - blond, grazil, von erlesenem Geschmack. Zwei Monate dauert die Bekanntschaft, die beiden teuersten Monate im Leben des Werner Metzen. Er zahlt ihre Flugtickets, er lädt sie in die teuersten Restaurants ein, er kauft ihr Garderobe. „Die Frau ist eine Granate", sagt er. „Aber sie kostet mich ein Vermögen."

Anders war da sicher Erina von Sachsen, die er auf Dietmar Schönherrs Gala zugunsten Nicaraguas (siehe Bericht ab Seite 76) kennenlernte. Die beiden bestreiten Wohltätigkeitsveranstaltungen, Misswahlen und halten

Hohenzollern-Prinz Carl Alexander

Hof bei den „Gaudi-Spielen" der FSG Bensheim im Festzelt mit Schoppenwett-Trinken und neckischen Hütchen-wechsel-dich-Spielen.

Auch ansonsten verstanden die beiden sich sehr gut und trafen sich ab und an zu einem romantischen Essen bei Kerzenlicht.

Der Auto-Narr

Kaum etwas faszinierte Metzen so sehr wie edles Gefährt. Seine Flotte ist legendär. Unter seinen Sammelstücken befand sich auch dieser *Aspalanta,* ein 100.000 Mark teurer Nachbau eines Oldtimers

Luxus-Karossen kaufte er im Dutzend!

Metzens Fuhrpark: Ein Silver Shadow (li.) und ein Silver Spur

Der erste fahrbare Untersatz, den sich Werner Metzen kauft, ist ein Opel Rekord, Gott weiß aus wievielter Hand, den er sich wieder zurechtbastelt und postgelb lackiert. Werner ist 18 und hat den Führerschein gerade bestanden.

Autos werden seine Leidenschaft. Dabei ist sein Interesse an technischen Details eher gering, und der Geschwindigkeitsrausch läßt ihn kalt. Im Gegenteil: Er pflegt förmlich über den Asphalt zu schleichen, wobei die Maschine meist so untertourig arbeitet, daß der Motor eines Mercedes schon nach wenigen Kilometern den Geist aufgibt, als ihn sein ahnungsloser Nachbesitzer erstmals mit Vollgas fuhr.

Es ist vielmehr so, daß Autos eine erotische Ausstrahlung auf ihn ausüben. In den sanft geschwungenen Linien eines Rolls Royce, den ausladenden Kurven seines Excalibur sieht er das Pendant zu den Frauen, die er damit kutschiert.

Deshalb faszinieren ihn schon früh die großen Amis. Als er in Andernach sein Maklerbüro eröffnet, schafft er sich erstmal einen Buick an. Der Vorbesitzer ist der australische Botschafter in Bonn, und der Schlitten so lang, daß er zur Hälfte aus der Garage ragt.

Darüber hinaus dienen ihm große Autos aber auch für ganz nüchterne Zwecke: „Jemanden, der im Rolls kommt, läßt man nicht warten", sagt er spitzbübisch.

Zeitweise verfügt Metzen gleich über drei Exemplare der englischen Nobelmarke. Er kauft sie bei Auto-Becker, Deutschlands berühmtesten Rolls-Royce-Händler, in Düsseldorf. Firmen-Chef Becker („Sie sind mein bester Kunde") räumt dem Ramschkönig ungewöhnliche Konditionen ein: Er darf die Nobel-Karossen in wöchentlichen Raten von 10.000 Mark abstottern. Und kaum ist der eine Rolls bezahlt, ordert Metzen bereits den Nächsten.

Ein Silver Shadow ist seine erste Rolls-Royce-Liebe - und seine teuerste zugleich. Er erwirbt den 13 mal - zuletzt goldfarben - lackierten Wagen 1989 gebraucht für 50.000 Mark. Doch das Gefährt mit der berühmten Emily auf der Kühlerhaube verbringt mehr Zeit in der Werkstatt als auf der Straße. Gut 100.000 Mark muß er in Reparaturen stecken.

Eineinhalb Jahre später kauft er den zweiten Rolls - einen weißen Silver Spur, ebenfalls aus zweiter Hand, für 150.000 Mark.

Schon bald darauf ist ihm das Modell zu alt. Er legt noch einmal 100.000 Mark drauf und tauscht es bei Becker gegen einen Silver Spur II ein.

Inzwischen hat der Ramschkönig jedoch seine Vorliebe für Frischluft entdeckt - und sich zusätzlich ein Corniche Cabrio zugelegt. Er meldet es bei der Kfz-Zulassung im thüringischen Gera an. Die Begründung klänge zynisch, wäre sie

Ein Silver Spur II (li.), ein Corniche-Cabrio für 250.000 Mark

Der Glatzenmillionär fuhr gern „oben ohne" - hier im Corniche

Seine letzte Anschaffung: Ein Bentley Azur für 535.000 Mark

nicht aufrichtig gemeint: „Ich bin stolz darauf, im Osten so gute Geschäfte zu machen und zeige damit meine Verbundenheit mit den Menschen drüben."

Da die offene Limousine seinen Ansprüchen bald nicht mehr genügt, muß etwas Neueres her - ein weiteres Corniche Cabrio, das mit 250.000 Mark zu Buche schlägt. Überhaupt, findet er: „Wer Rolls fährt, sollte mindestens zwei haben - weil einer immer kaputt ist."

Seine Leidenschaft für britische Nobel-Autos findet ihren Höhepunkt in einem Bentley Azur - zum sagenhaften Preis von 535.000 Mark. Dem 400 PS starken, 2,8 Tonnen schweren Wagen läßt er - weil er's schicker findet - einen Rolls Royce-Kühlergrill aufmontieren. (Sohn Lars, Geschäftsführer der Metzen Warenhandelsgesellschaft mbH, fällt aus allen Wolken, als er zufällig den Kaufvertrag in die Hände bekommt - siehe Interview ab Seite 120.)

Gebrauchtwagen-König Becker, Rolls-Enthusiast Metzen (mit Rolls-Pokal)

Daneben besitzt Werner Metzen zeitweise noch einen Excalibur (zuvor auf ein Chemie-Unternehmen zugelassen) und einen Aspalanta (Vorbesitzer: Schlagersänger Tony Marschall), beides amerikanische Oldtimer-Nachbauten.

Die gewöhnliche Penibilität deutscher Autobesitzer ist Werner Metzen fremd: Bedenkenlos verleiht er seine Luxusfahrzeuge an Freunde und Brautpaare, die damit zur Kirche fahren, oder er verlost Ortsrundfahrten unter seinen Kunden („Teilnahmebedingungen: Kassenbon mit Namen versehen und am Aktionsstand abgeben").

Die Wagen sind gleichsam Insignien des Erfolgs und Eintrittskarte zur großen Welt: Als 999. Rolls-Royce-Besitzer der Republik urkundlich ausgewiesen und mit einem Pokal in Form eines vergoldeten Zylinderkolbens geehrt, wird Werner Metzen feierlich in den exklusiven Kreis aufgenommen, dem auch MCM-Boß Michael Cromer, Modezar Rudolf Mooshammer, Bestsellerautor Philipp Vandenburg und seine alte Freundin Erina Prinzessin von Sachsen angehören.

Es zählt jedoch zu seinen großen Irrtümern, daß er die Wagen auch als Kapitalanlage betrachtet. So erweisen sich die automobilen Investitionen allesamt als wirtschaftliche Flops.

Von dem Bentley muß sich Werner Metzen nach nur sechs Monaten wieder trennen - er kann schlicht die Raten in Höhe von 20.000 Mark im Monat nicht mehr aufbringen. Das Auto, für das er mehr als eine halbe Million Mark bezahlt hatte, bringt gerade noch mal 235.000 Mark.

Und die anderen Fahrzeuge? Der Excalibur wird weggepfändet, der Silver Spur II geht in die Konkursmasse ein und fährt heute Touristen durch die vorpommersche Küstenlandschaft - und der Aspalanta stand noch bei Redaktionsschluß in Lloret de Mar. Fahruntüchtig. Wertlos.

Bleibt nur noch, die Geschichte von dem unrühmlichen Abgang des goldenen Rolls Royce Silver Shadow zu erzählen. Weil Werner Metzen einst dringend neue Ware ordern mußte, tauschte er ihn ein - gegen 60.000 Schmetterlingsgürtel. Aber wenigstens die liefen im Laden wie geschmiert...

Geld ist knapp:
Ferrari wird verscherbelt

Während sich der Senior, im Fond seines Rolls Royce sitzend, zu seinen Filialen chauffieren läßt, mag's Sohn Lars lieber rasant: Er schafft sich einen nagelneuen Ferrari 512 TR an. Die Zweisitzer-Limousine mit Alu-Karosserie, feiner Lederausstattung und einer 430-PS-Maschine unter der flachen Haube schlägt mit 300.000 Mark zu Buche.

Der Spaß an dem pechschwarzen Italo-Fun-Mobil währt nur knapp ein Jahr - dann braucht die Metzen Warenhandelsgesellschaft -

Schlechte Geldanlage: Metzens schwarzer Ferrari

wie so oft - dringend Geld für ein neues Warensortiment. Der Ferrari wird wieder „flüssig" gemacht - ein typischer Metzen-Deal: gerade mal rund 130.000 Mark bringt der Wagen noch. Wertverlust in zwölf Monaten: 57 Prozent.

Das billigste Kaufhaus der Welt (Besen für 5 Pfg.)

Der Januar 1994 ist ein eiskalter Wintertag. Auf der Autobahnabfahrt bei Heusenstamm staut sich der Verkehr. Die Fahrzeuge haben Hamburger und Konstanzer und Dortmunder Kennzeichen und ein gemeinsames Ziel: das „billigste Kaufhaus der Welt".

Für Werner Metzen ist ein Traum in Erfüllung gegangen: Ein richtiges Kaufhaus, vollgestopft mit Ramsch bis zur Decke!

Der Eröffnungstag übertrifft alle Erwartungen. Die Eingangstür wird belagert, zeitweise muß wegen Überfüllung geschlossen werden. Es gibt Besen für 5 Pfennige und Leute, die sich für 31 Mark komplett einkleiden: Blazer, Weste, Hose, Schuhe, Jeans.

Die Metzen Warenhandelsgesellschaft mbH hat für ihr Prestigeobjekt das aufgegebene Kaufhaus des Versand-Riesen Baur gemietet - für 50.000 Mark im Monat. 8.000 qm auf drei Etagen. Die Kaution beträgt 170.000 Mark und wird, wie üblich, bar hinterlegt.

Listig macht Metzen schnell noch ein Schnäppchen: Er handelt mit Baur einen halben mietfreien Monat aus, kassiert aber von seinen eigenen Untermietern - Textil-, Spielwaren- und Tapetenhändler - die volle Miete.

Das Konzept hat sich bewährt. Beispiel: Der Markt in Bensheim. Metzen zahlte 5.000 Mark an die Eigentümer, strich von seinen Untermietern 9.000 Mark plus fünfprozentige Umsatzbeteiligung ein. Machte unterm Strich gut 25.000 Mark im Monat.

Dennoch ist Sohn Lars, Gesellschafter und Geschäftsführer der GmbH, von Anfang an pessimistisch, kann sich aber gegen die väterliche Autorität nicht durchsetzen.

Metzen mit Rolls und Ramsch (und Mitarbeitern) vor seinem Kaufhaus in Heusenstamm - ein Traum wurde wahr

Was störte Sie an dem Konzept?

Der Betrieb war zu groß. Unmöglich, das erforderliche Kapital für ständig genügend neue Ware aufzubringen. Außerdem war ich dagegen, einen langfristigen Mietvertrag abzuschließen.

Der Anfangserfolg zeigte aber, daß es einen Bedarf für ein Billig-Kaufhaus gab.

Wenn man den Kunden nicht jeden Tag ein neues Sortiment bieten kann, bleiben sie weg. Es gab dort draußen, am Stadtrand von Heusenstamm, keine Laufkundschaft. Wenn niemand mehr kommt, dann gehen auch die Untermieter raus. So ist es später ja auch gekommen.

Geschäftsführer des Kaufhauses wird Sohn Dirk, damals gerade 17 Jahre jung!

Er bezieht mit Freundin Yvonne das Penthouse über dem Kaufhaus und legt sich mächtig ins Zeug. „Anfangs", erzählt er, „war Vater jeden Tag da. Später erschien er kaum noch."

Typisch für Werner Metzen: Er verliert die Lust an einer Sache, wenn sie nicht mehr genügend abwirft.

Die Umsätze sinken von 65.000 Mark am ersten Tag auf 30.000 täglich, auf 10.000, 5.000 und dann auf 2.500 Mark, so daß es nicht mal mehr für die Miete reicht.

Nach zwei Jahren ist das Abenteuer zu Ende. Fazit? Um Kaufhaus-König zu werden, braucht man eine dicke Kapitaldecke. Die hat Metzen nicht, er verlor alleine in diesem Betrieb ca. 1 Million DM.

Champagner Eigenmarke „Metzen" wurde zum Selbstkonsum und als Präsentationsgeschenk verwendet

Champagner-Luft und Brilli-Glanz

Manchmal, wenn er über seinen Reichtum spricht, benutzt Werner Metzen den Pluralis majestatis. Dann kommen ihm Sätze über die Lippen wie: "Daß wir mehrfacher Multimillionär sind, ist ja logisch." Oder: "Jeden Monat werden wir eine Million reicher."

Daß ihn die Medien zum "König des Ramschs" gekürt haben, ist für ihn Verpflichtung. Vor allem die Verpflichtung, seinen Reichtum mit einer barocken Lebensweise zur Schau zu stellen.

Exklusivität nach amerikanischem Vorbild

Werner Metzen und der Luxus. Sagenhafte Geschichten sind da im Umlauf:

• Er trinkt am liebsten seinen eigenen Champagner, Marke *Metzen Brut*, den ihm eine kleine Kellerei abfüllt, die Flasche günstig für 20 Mark. Er ordert ihn palettenweise, jeweils 1.000 Stück.

• An seinem Handgelenk baumelt ein Brillantarmband, für das er 100.000 Mark bezahlt haben soll. Die Manschettenknöpfe kosteten nach Angaben der einen Quelle angeblich 15.000, nach einer anderen sogar 50.000, der unauffällige Brillantring am linken Ringfinger 10.000 Mark.

• Die Möbel in seinem Appartement seien mit Blattgold

Metzen und der Schampus: Zur Not trank er auch Möet

verziert, schreibt die Presse. Seine 30.000 Mark teure Chaiselongue ist so überdimensioniert, daß sie nur mit einem Kran ins Wohnzimmer gehievt werden konnte. Kostenaufwand: 10.000 Mark.

• Sofia Benning, Gattin des Hausmeisters aus der Karlsruher Straße, erinnert sich noch an die gewaltigen Buffets, die ein Partyservice ins Penthouse liefert. Berge von Hummer und Kaviar türmten sich auf den Tischen, die Getränkebatterien hätten einer Hotelbar zur Ehre gereicht. Damit seine Gäste schon am Aufzug auf die Pracht im 16. Stock eingestimmt werden, hat er das Foyer mit einem plätschernden Brunnen und edlen italienische Lampen verschönern lassen.

• Selbst Pressekonferenzen arten in Freß-Orgien aus. Zur Eröffnung seiner Filiale in Hannover - er hat 7.000 Quadratmeter im ehemaligen Wertheim-Kaufhaus gemietet - lädt er im Dezember 1994 einen Pressepulk ins gegenüberliegende italienisches Feinschmeckerlokal und läßt Delikatessen auffahren. Ein Reporter notiert staunend: "Alles vom Feinsten! Egal, ob Techniker oder Moderatoren der einzelnen Fernsehanstalten, Redakteure und Journalisten der hiesigen Tageszeitungen und der Boulevardpresse, der Champagner nimmt hier kein Ende."

• Gern erzählt er bei solchen Gelegenheiten, wie er in Monte Carlo eine Rolex für 200.000 Mark erstanden habe, mit Brillanten übersät wie der Himmel einer klaren Nacht mit Sternen.

Die Einkaufs-Show

Im Frühjahr 1995 begleiten ihn Zeitungsreporter zum Einkaufen durchs niedersächsische Nienburg. Schaulustige säumen den Weg, als sein weißer Rolls Royce durch die Fußgängerzone (!) gleitet. Werner Metzen trägt einen weinroten Seidenblazer und eine gelbe Krawatte. "Sie kennen mich doch aus dem Fernsehen", sagt er leutselig zu den Zaungästen, nachdem er, von zwei Leibwächtern eskortiert, der Limousine entstiegen ist.

Eigentlich ist er in die Kleinstadt bei Hannover gekommen, um einen ehemaligen Kameraden aus der Grenzschutzzeit zu besuchen. Der ist auch Kaufmann, aber so weit wie der Werner hat er's nicht ge-

Bootsbesichtigung: Er will auch eine Yacht

bracht. Handelt ja auch nicht mit Ramsch.

Nach dem Austausch von Jugenderinnerungen ("Du warst immer ein Gentleman, Werner") läßt sich der Chef erst mal ins Teppichcenter fahren. "Vielleicht haben die was Hübsches", sagt er den Reportern. Haben sie: Ein indischer Jaipur, 360.000 Knoten pro Quadratmeter, 68.000 Mark teuer. "Super-Qualität", lobt er. Gesehen, gekauft. "Schicken Sie ihn mir zu."

Anschließend geht's ins Juweliergeschäft Schnauer. Senior-Chef Wilfried Schnauer hat Champagner kalt- und eine kleine Kollektion zusammengestellt. Drei Armbanduhren. "Extra für sie aus Genf bestellt. Metzen entscheidet sich für eine *Chopard* aus Weißgold, mit 744 lupenreinen Diamanten (zusammen 21 Karat) besetzt. Kostet 216.300 Mark. "Gar nicht mal so teuer", sagt er. Auch hier bittet er lässig um Zusendung des wertvollen Stücks. Jawohl, bitte sehr, stets zu Diensten. Solche Kunden hat man gerne.

"Brilli-Uhr, Seidenteppich: Shopping für 300.000 Mark" vermeldet die *BILD-Zeitung* anderntags und setzt hinzu: "Ach ja, gezahlt hat Lord Werner nicht. Der kriegt die Rechnungen ins Geschäft geschickt."

Ein Irrtum, wie Metzens morgenländische Pracht-demonstrationen überhaupt nur ein gekonnt inszeniertes Schauspiel sind. "Er hat die Uhr nicht gekauft", erzählt Juwelier Schnauer heute. "Es war nur eine Show für die Journalisten."

Werner Metzen ein Hochstapler?

Nein! Er gab den Medien nur, was sie von ihm erwarteten und strikte stets an der Legende vom superreichen Mann. Die Journalisten sind darauf reingefallen. Einmal filmte ihn ein TV-Team, wie er in einem MCM-Laden angeblich Koffer kaufte und dafür locker fünf Tausender auf den Tresen blätterte. Als die Fernsehleute weg waren, ließ er sich das Geld zurückgeben.

Und die Rolex für 400.000 Mark?

Hat es nie gegeben!

Es stimmt, daß er mal eine Uhr für 150.000 Mark besaß. Die verwendete er aber - ebenso wie ein Rubin-Armband - für die Kaution, als er das Kaufhaus in Heusenstamm mietete. Der Schmuck meines Vaters stammte aus Gelegenheitskäufen - wenn jemand dringend Bargeld brauchte, hat er zugeschlagen. Einer Bekannten hat er mal 50.000 Mark geliehen und dafür als Sicherheit ein Collier bekommen. Alles andere ist ein schönes Märchen.

Wo ist der Schmuck geblieben?

Die Vitrine in seinem Wohnzimmer, in der er ihn angeblich aufbewahrte, war leer, als wir die Wohnung nach seinem Tod betraten. Uhren, Diamanten, Colliers - alles weg. Entweder hat er alles verschenkt, wie er in seinen letzten Tagen ja viel wertvolle Sachen weggegeben hat, als sei er ihrer überdrüssig, oder er machte sie noch schnell zu Bargeld.

Ist Metzens sagenhafter Reichtum auch nur eine Farce, so nimmt seine Sucht nach Luxus zweifelsfrei ab 1990 deutlich pathologische Züge an. Seine Kontakte zur Upper Class wecken in ihm die Gier nach immer neuen Prestige-Objekten. Bei einem Motorboot-Trip entlang der Costa Brava beschließt er, selbst Schiffseigner zu werden, und zum Entsetzen von Sohn Lars besichtigt er in Kaufabsicht eine Reihe von Yachten. Derweil mahnt in Deutschland die AOK rückständige Krankenkassenbeiträge für seine Mitarbeiter an.

Den Unterschied zwischen Kultur und Kitsch kann - oder will - er nicht erkennen. Die 300 Mark teuren "echt chinesischen" Vasen, die er zu verschenken pflegt, rufen bei Kennern nur mitleidiges Lächeln hervor. Das noble *Lagerfeld*-Parfüm benutzt er lediglich aus Angst, seine Begleiterin könne andernfalls beim Blick in sein Reisenecessaire denken: "Der Werner ist primitiv."

Immer mehr gerät sein Lebensstil zur Parodie unserer Zeit, in der Schein wichtiger ist als Sein. Zweifelhaft zwar, daß dies in seiner Absicht lag, sicher jedoch, daß er sich der Wirkung seines Gepränges bewußt war: Selbst leitende Angestellte einer der größten deutschen

Wo ist der Schmuck?
Die Vitrine war leer

In Monte Carlo wird Metzen mit Angela von Hohenzollern (re.) auf die Yacht eines Geschäftsmannes eingeladen. Er ist fasziniert von der Welt der Schönen und Reichen und wünscht sich, dazuzugehören

An teuren Geschenken läßt er den Preis dran

Banken, die er zu seinem 50. Geburtstag eingeladen hat, versuchen, ihn als Kunden zu gewinnen und gewähren ihm später - ohne weitere Prüfung seiner Bonität - einen Überziehungskredit von einer halben Million.

Und es ist, als habe der tote Ramschkönig bei der Versteigerung seines Nachlasses seinen größten Triumph gefeiert: 7.000 Mark bringen seine nur scheinbar edlen Büromöbel - nichts weiter als billige Preßpappe im Mahagoni-Look, die er einst für 1.700 Mark erstand. 80 Mark zahlt einer für eine Kaffeemaschine aus seinem Büro, die er im Kaufhaus für 39.90 bekommen hätte. Der Name *Metzen* adelt das Profane.

Der Ramsch-König nichts weiter als ein Protz, ein Neureicher ohne Niveau?

Tatsache ist: Er "versäumt" es geflissentlich, Preisschilder an Geschenken zu entfernen. Für ein paar Quadratmeter Garten vor seinem Haus in Lloret beschäftigt er einen Gärtner. Zwar versteht er nicht viel von Wein, aber er trinkt ihn am liebsten aus mundgeblasenem Kristall-

Hummer satt: Imbiß beim Glatzenmillionär

glas. Die Höhe seiner Trinkgelder grenzt an Obszönität - 50 Mark nach einem kleinen Imbiß sind keine Seltenheit.

Es gibt aber auch Leute, die sich an den frühen Werner Metzen erinnern. "Wenn er uns zum Essen nach Hause einlud, gab es meist Spaghetti mit Fleisch aus der Dose." Tatsächlich dürfte er kaum zur Riege der Gourmets gezählt werden. Wenn er nachts, vom Hunger geplagt, an den Kühlschrank geht, haut er die unterschiedlichsten Zutaten wahllos in die Pfanne. "Sein Lieblingslokal im Rhein-Main-Gebiet war der *Haferkasten* in Neu-Isenburg", erzählt eine Ex-Freundin. Der Edel-Italiener ist Treff von Prominenz aus Showbiz und Sport. "Werner hielt sich mit der Karte gar nicht lange auf. Er bestellte prinzipiell das Teuerste. Hauptsache, es sah gut aus und kostete viel."

Auch der Blick in seinen Kühlschrank, den ein BILD-Reporter werfen konnte, deutet nicht auf einen exquisiten Geschmack hin: "Buttermilch, eine Flasche Champagner Dom Perignon, Fleischsalat, gefüllte Weinblätter, Käse, Nutella, Beluga-Kaviar..."

Und da wird Werner Metzen wieder ganz menschlich. Denn so ein Kühlschrank könnte ihn vielen deutschen Haushalten stehen.

Wenn er in München weilt, besucht er am liebsten das Hotel Bayerischer Hof. Das noble Haus ist für ihn Inbegriff feiner Lebensart. Die Schickeria der Hauptstadt indes nimmt den Bonvivant kaum zur Kenntnis

Werner Metzen mit Schauspielerin Elisabeth Volkmann beim Bummel durch München

Die Schönen & Berühmten

Der Ramsch-König sucht die glitzernde Welt der Stars und Sternchen. Mit ihnen schmückt er sich wie mit seinen adligen Trabanten und luxuriösen Autos. Sie lassen's kumpelhaft geschehen und machen ihn dafür zu einer öffentlichen Person. Kaum eine Woche vergeht, in der Werner Metzen nicht an der Seite einer Schauspielerin, eines Sängers oder Entertainers fotografiert wird.

Metzen mit Freund Tony Marshall (oben)...

... und Entertainer Gottlieb Wendehals (re.)

Der *Silver-Club* in der Bonner Kesselgasse ist proppenvoll. Die Bundeshauptstadt, nicht gerade für ausschweifendes Nachtleben berüchtigt, soll nach dem Willen von Werner Metzen endlich ein Lokal haben, in dem sich die Stars die Klinke in die Hand geben.

Es ist Mai 1978. Metzen hat zur Premiere die Sängerin Tina York engagiert. Ihr Auftritt geht nicht ohne Pannen ab - das Mikrofon streikt -, aber an jenem Abend entdeckt er seine Liebe zum Showbiz.

Es gibt Leute wie seine langjährige Lebensgefährtin Bettina Simon, die davon überzeugt sind, daß er sich zum Entertainer berufen fühlte: „Wenn er hätte singen können, wäre er Sänger geworden." Daß er im Postengeschäft landet, ist gar nicht so abwegig: Auch hier befolgt der Selbstdarsteller die Gesetze der Unterhaltungsbranche (siehe Bericht Seite 50). Sein Talent, einen tristen Laden oder gar den Bürgersteig davor zum Verkaufs-Varieté zu machen, beeindruckt seine Mitarbeiter. „Publikum war für ihn wie eine Batterie, die ihn immer wieder mit Energie versorgte", sagt ein Freund aus alten Tagen.

Metzen sucht stets die Nähe von Stars und Sternchen, und sie gehen ihm nie aus dem Weg. Im Gegenteil. In einzelnen Fällen biedern sie sich ihm regelrecht an. Es ist die alte Symbiose von Geld und Prominenz.

Als er seinen 13. Billig-Markt in Viernheim eröffnet, taucht Schunkel-Barde **Tony Marshall** („Schöne Maid") zwischen dem Trödel auf und verteilt Autogramme. Die beiden verbindet eine enge Freundschaft; Metzen kauft ihm sogar den *Aspalanta* (siehe Seite 65) ab.

Bei einem Besuch im Südwestfunk trifft er „Plaudertasche" Dieter Thomas Heck (ganz oben). Sänger Jürgen Drews engagiert er für einen Auftritt in seinem Heusenstammer Kaufhaus (rechts) und Entertainer Harald Juhnke holt er mit Prinzessin Erina von Sachsen vom Frankfurter Flughafen ab (oben)

Wetten daß...?-Moderator **Frank Elstner** trifft sich mit ihm „auf ein Bier" und schwärmt von Metzens „ansteckender guter Laune".

Jürgen Drews („Ein Bett im Kornfeld") tritt an einem verkaufsoffenen Sonntag vor den Kunden des Metzen-Kaufhauses in Heusenstamm auf.

Harald Juhnke läßt sich von ihm im Rolls Royce am Rhein-Main Flughafen abholen und ins Bensheimer *Bierdorf* chauffieren, wo er auf der Weihnachtsfeier der *Metzen GmbH* „I did it my way" singt.

Ob **Costa Cordalis**, **Jürgen Marcus**, **Joy Flemming** oder **Werner Böhm** alias Gottlieb Wendehals - die Schlagerwelt geht auf Tuchfühlung mit dem Ramsch-Millionär. Sein Restaurant *Ambiente* in Schriesheim wird zum Treffpunkt von Stars und Sternchen.

Auf einer Party in München flirtet er mit Ulknudel **Elisabeth Volkmann** und erzählt hinterher: „Eine tolle Frau, mit der ich viel Spaß hatte..." Die Schlager-Oldies **Jacob Sisters** besuchen ihn samt Pudeln in seinem Penthouse und bedanken sich hinterher artig mit einer Autogrammkarte.

So fühlt sich Ramsch-König Metzen wohl - im Kreis von prominenten Stars und Politikern: Mit Ratna Dewi-Sukarno, Sproß aus der indonesischen Politiker-Dynastie (oben), mit den Schauspielerinnen Kai Fischer (links) und Hildegard Krekel (rechts)

Mit fast 50 Jahren hat er erreicht, was er sich als kleiner Junge wünschte. Aber wenn er dann gelegentlich die Bilanz seines Lebens zieht, wird er melancholisch: „Ich habe eine Glatze und einen dicken Bauch. Und ich habe viel Geld. Damit muß ich jetzt die Jahre, die mir noch bleiben, genießen."

Zum Genuß gehört für ihn, sich in den Klatschspalten der Regenbogenblätter wiederzufinden. Nicht die 50. Filiale, die er demnächst eröffnet, nicht die Umsatzzahlen seiner *Metzen Warenhandelsgesellschaft* erfreuen sein Herz wirklich - sondern die Aufnahme in den Club der Prominenten. Im Grunde ist er der kleine Junge vom Rhein geblieben, der es geschafft hat, daß die Großen ihn mitspielen lassen, auch wenn sie ihn bisweilen hinter seinem Rücken belächeln. Er hat es ihnen allen gezeigt - den Lehrern, die ihn nicht aufs Gymnasium ließen, den Mitschülern in Bad Breisig, den Kameraden vom Bundesgrenzschutz, seiner geschiedenen Frau und nicht zuletzt seiner Mutter, an der er hängt und die endlich Grund hat, stolz auf ihn zu sein. Ihr Werner ist wer.

Und die Prominenz macht allen Blödsinn mit. Einmal besucht er eine Wohltätigkeitsveranstaltung des Schauspielers Dietmar Schönherr zugunsten der notleidenden Bevölkerung in Nicaragua. Als nach dem Essen, „bei dem sich 200 Gutbetuchte die Bäuche vollgeschlagen hatten", wie er gern erzählt, gerade mal „zwei lumpige 50-Mark-Scheine im Sammelteller waren", platzt ihm der Kragen. Spontan organisiert er eine Versteigerung von Promi-Accessoirs. Gastgeber Schönherr moderiert danach in Socken weiter - Metzen hat ihm die Schuhe abgeschwatzt und anschließend ersteigert.

Die sind übrigens, hübsch eingerahmt und zum Kunstwerk erklärt, in der Mannheimer Galerie *Hirsch* gelandet, nachdem sie jahrelang im Empfang der *Metzen Warenhandelsgesellschaft* hingen. ◆

Wahre Freunde

Zeit seines Lebens ist Werner Metzen von Claqueuren umgeben. Aber es gibt nur wenige Menschen, die ihm wirklich nahe stehen

Zwei Könige, zwei Welten: Metzen im grauen Zwirn und Cephae Bansah im Stammesornat der Egbi (oben), bei der Toilette (links): Zunächst nur als bunter Statist fürs Ambiente engagiert, wurde der afrikanische Herrscher schließlich zum Freund - weil er sich nicht kaufen ließ

Es ist der Beginn einer wunderbaren Freundschaft.

Cephae Bansah (49) trägt ein bodenlanges, knallbuntes Gewand, ein lustiges Käppi und kiloweise Perlenschmuck. Der Mann ist König, genauer gesagt: Herrscher über das Land der Egbis, eines Stammes im afrikanischen Ghana. In seinem Herrschaftsgebiet, immerhin so groß wie Rheinland-Pfalz und damit größer als das der Monegassen, sind 200.000 Menschen zu Hause, aber seit 1970 lebt er ohne Not im Exil: In Ludwigshafen betreibt der Landmaschinenbau- und Kfz-Meister eine Autowerkstatt. Firmenslogan: „Bei mir ist nicht nur der Kunde König."

Werner Metzen steht kurz vor der Eröffnung seines Lokals Ambiente in Schriesheim, als er den exotischen Monarchen kennenlernt. Paradiesvögel wie Cephae haben es ihm angetan: In Barcelona entdeckt er einmal einen Aktionskünstler, der als unbewegliche, lebende Statue die Passanten verblüfft. Er holt ihn von seinem Podest und verpflichtet ihn gegen ein hohes Honorar plus Spesen als Attraktion für seine Teures billig-Filialen in Deutschland.

Auch den farbigen König aus Ghana engagiert er - als multikulturellen Party-Gag neben Sänger Gottlieb Wendehals, der sich seinen Besuch im Ambiente freilich honorieren läßt.

Cephae nimmt kein Geld. Daß man als Gast auch noch Honorar verlangt, geht über sein Vorstellungsvermögen und, vor allem, gegen sein Anstandsgefühl. Das Verhältnis zwischen dem Ramsch-König und dem afrikanischen Potentaten vertieft sich zur Freundschaft - wenn es so etwas im Leben Werner Metzens überhaupt jemals gibt.

Werner Metzen und seine Freunde. Eine verdammt kurze Geschichte.

Wirkliche Freunde hatte Vater eigentlich nicht, sagt Sohn Lars. Zu Freundschaft gehört Vertrauen und gegenseitige Fairneß. Aber er hat anderen Menschen sein wirkliches Seelenleben niemals offenbart.

Werner Metzen inszeniert sich selbst, und wenn er Freunde braucht, kauft er sie sich. Seine Mitarbeiter, der Karnevalsklüngel, die Jet-Set-Clique, die Kneipenbekanntschaften - alles seine „Freunde". In ihrer Mitte zieht er seine Show ab, und brav spenden sie ihm Beifall. Aber tief in seiner Seele ist er einsam.

In dem kleinen Ort Oberkirch im Ortenaukreis leben Anna und Erich. Sie betreiben dort eine Landwirtschaft; ein Stückchen heile Welt im Schwarzwald, mit rotbunten Kühen und einem Misthaufen vor der Tür. Wir erinnern uns: Anna ist die Bauerstochter, zu der sich Werner als Zehnjähriger hingezogen fühlte, die ihn tröstete, als er wegen Stotterns vom Gymnasium verwiesen wurde.

Den Kontakt zu Anna und ihrem späteren Mann pflegt der Ramsch-König intensiv. Sie besuchen sich gegenseitig; für Metzen sind die Tage in Oberkirch kleine Fluchten. Frühstück mit frischer Milch und Hausgeschlachtetem in der urigen Bauernküche, tagsüber im Heu, abends selbstgebrannter Schnaps zum Bier - hier findet der von einem Erfolg zum nächsten hetzende Unternehmer einen ruhenden Pol. Hier wirken die Attribute seines Erfolges lächerlich - Rolls Royce, Maßanzüge, Straußenleder-Schuhe. „Werner, heut' geht's in die Kartoffeln", sagt Erich, und der Ramsch-König klettert auf den Beifahrersitz des Traktors und fährt mit aufs Feld.

Landwirt hat er eigentlich mal werden wollen; Ackerbau und Viehzucht, ja, das wär's gewesen, aber das Schicksal wollte es anders mit dem Metzen Werner. Seine Stammkneipe wird die Bauernstube von Landwirt Jöste Andres in Rippenweier bei Weinheim, eine urige Wirtschaft hinterm Stall, in der Bergsträßer Wein ausgeschenkt und Hausmacher Wurstplatte serviert wird.

Er versucht, sich für die schönen Stunden bei Anna und Erich zu revanchieren, lädt sie zu seinen ausgelassenen Partys ein - egal, wie „hochkarätig" die übrigen Gäste sind. Die beiden kommen sich bisweilen etwas verloren vor in dieser verrückten Welt des Ramsch-Königs, aber sie machen gute Miene zum bösen Spiel.

Freundschaft ohne Showbiz: Metzen mit Anna und Erich

Olé (Metzen erobert Spanien. Und diese beiden Herren helfen ihm dabei)

Vor dem exklusiven Hotel Roger del Floor in Lloret de Mar blitzen zwei schneeweiße Rolls Royces Silver Spur in der spanischen Sonne. Droben, auf der Terrasse mit Blick über die Stadt und das Meer, kommen ihre Besitzer miteinander ins Gespräch: Werner Metzen und Josef Cour, der Inhaber des noblen Hotels. Er war mal Bürgermeister des betonlastigen Badeortes, hat sich inzwischen ein hübsches Stück vom Tourismuskuchen abgeschnitten und kennt Gott und die Welt an der Costa Brava.

Metzen liebt Spanien, seit er 1973 zum ersten Mal Urlaub in Lloret machte. „Spanien ist Sonne, und Sonne ist Leben", sagt er. Vor einem halben Jahr war er mit seinen Kindern in den USA, wo er sich über den „Wildschweinefraß" geärgert hat. Zudem kennt ihn dort keiner. Who the fuck is Metzen? Nein, da ist es in Spanien schon besser. Jede Menge Promis, hübsche Mädchen, und man spricht Deutsch.

„Hier müßte man was haben", sagt er und nippt an seinem Glas Champagner. Draußen ziehen weißen Sportboote Wasserskifahrer übers spiegelglatte Meer.

„Was soll es denn sein?" erkundigt sich der Ex-Alcalde.

„Na, einen Laden. Ein Objekt in bester Lage. Das wäre phantastisch. Ich bräuchte nicht ständig neue Ware ranzuschaffen, weil ich immer neue Kunden habe. Alle paar Tage wechseln die Touristen."

Er fand eine Traumlage direkt am Meer

Seit Jahren träumt er von einem Geschäft auf der iberischen Halbinsel. Allein der Steuer wegen, die hier prozentual nach Quadratmeterzahl und Stromverbrauch erhoben wird und nicht nach Umsatz.

„Es gibt genügend freie Geschäftsräume im Lloret..."

Metzen winkt ab. „Hab' mich schon umgehört. Zu teuer. 1,5 Millionen für ein 100-qm-Lädchen - dafür kriege ich in den neuen Bundesländern ein ganzes Industriegebiet."

Sein Gegenüber lächelt: „Das dürfte kein Problem sein, Señor Metzen. Ich werde Sie mit einem Mann bekanntmachen, der Ihnen helfen kann."

Der Mann, den er anderntags trifft, ist einer der größten spanischen Bauträger. In Lloret hat er vor einigen Jahren ein Einkaufscenter in den Sand gesetzt - buchstäblich. Eine als unverkäuflich geltende Bauruine ziert seither den feinen Strand. Der Deal wird in wenigen Tagen abgewickelt: Metzen erwirbt kurzerhand den 800 qm großen Hauptteil des Objekts mit seiner 70 Meter langen Schaufensterfront für 1,6 Millionen, investiert weitere 500.000 Mark in den Ausbau, alles auf „Ziel", wie gehabt, was bedeutet, daß er monatlich 100.000 Mark abzuzahlen hat. Nach gut einem Monat kann er eröffnen - für spanische Verhältnisse ein sensationelles Tempo. Selbst Sohn Lars ist über die Effektivität der Rolls-Royce-Seilschaft verblüfft:

Es gibt Leute, die warten in Spanien jahrelang auf die erforderlichen Genehmigun-

Metzen-Dependance am Strand von Lloret - unten der Verkaufsraum, darüber das Lager (heute: Disko, Maklerbüro und Apotheke). Dahinter erheben sich die beiden Reihenhaushälften. Ganz links: Marias Strandbar

Männerfreundschaft an der Costa Brava: Investor Metzen mit Ex-Bürgermeister Josef Clour (Mitte) und dem Künstler Ricci Richenbach, einem intimen Kenner der Lloret-Society

gen - und er schaffte das in wenigen Tagen.
Und die Männerfreundschaft sollte sich auch künftig bewähren: Metzen parkt seinen Rolls permanent im Halteverbot und kassiert dafür regelmäßig Strafzettel. Empört beschwert er sich unter Hinweis auf seine „Verdienste für Lloret" beim Bürgermeister. Ergebnis: Er darf künftig parken, wo er will.

Zunächst läßt Metzen überm Laden ein Schild in vier Sprachen anbringen: Lo caro, barato/Chere - pas chere/Expensive - cheap/Teures billig und mehrere Lastzüge Ramsch in seine neue Filiale, seine 21. übrigens, karren. Zwar verzögert die Unkenntnis der Rechtslage die Eröffnung des Geschäfts - seine Sattelschlepper stehen tagelang an der spanischen Grenze - aber das hält ihn nicht auf.

Es sind vornehmlich Produkte aus der Ex-DDR, und wieder gelingt es ihm, Skeptiker im eigenen Haus zu wi-

„Die Spanier sind die Ostdeutschen von Europa. Die leben ja so ähnlich. Im Winter werden sie meine besten Kunden sein"

derlegen: Die Touristen kaufen, was der Laden hergibt - neben Urlaubssouvenirs wie Plastikkastagnetten und Trachtenpüppchen sogar Skistöcke und gefütterte NVA-Mützen. Im Sommer, wohlgemerkt!

Der Chef steht selbst im Laden, ganz Strahlemann, und begrüßt die Kunden. Sein Lieblingsplatz aber ist Marias Strandbar in Lloret, wo er ganze Busladungen von Urlaubern zum Champagner einlädt. Und sollte es unter ihnen einen geben, der ihn noch nicht kennt, so kramt er Zeitungsartikel über sich hervor: „Sehen Sie, daß bin ich, der Ramsch-König aus dem Fernsehen."

In Lloret zeigt sich aber auch die andere, menschliche Seite des umtriebigen Geschäftsmannes Werner Metzen.

Als ihm auf der Strandpromenade eine Gruppe behinderter Kinder begegnet, ist er so gerührt, daß er allen Eis spendiert und der Betreuerin 2.000 Mark zusteckt: „Machen Sie den Kleinen dafür einen schönen Tag."

Einer alten Frau, die ihren Lebensunterhalt mit dem Verkauf von Zahnbürsten, Brillen und Strümpfen bestreitet, drückt er 100 Mark in die Hand mit der Bemerkung: „Muttchen, ich hab' auch mal so angefangen." Ja, mit der Mildtätigkeit ist es

Metzens zweite Heimat: Lloret de Mar, Ziel deutscher Billig-Urlauber. Metzen investierte hier, um das Angenehme mit dem Geschäftlichen zu verbinden: Leider übersah er, daß Immobilienkäufe in Spanien zu Hause nicht steuerlich absetzbar sind

ihm ernst. Die Rolle des Wohltäters spielt er mit verblüffender Ehrlichkeit. Ebenso wie die des Saubermannes:

Vor den Augen zahlreicher Passanten prügelt er auf einen Dealer ein, der am Strand Drogen angeboten hat: „Lloret soll sauber bleiben! Kerle wie du wollen wir hier nicht haben!"

Lloret de Mar ist für ihn Feriendomizil, Kapitalanlage - und Heimat zugleich.

Der Mann, der in seinem Leben über ein Dutzend Mal seinen Wohnsitz wechselte, hat seine Terra felix gefunden, obgleich er (neben „por favor") nur zwei Worte Spanisch spricht, aber die sind für ihn bezeichnend: „Vitaminas" (womit er scherzhaft auch Frauen bezeichnet) und „Amigos". Frauen und Freunde hat er immer gesucht. Hier findet er sie reichlich.

Er eröffnet weitere Läden in Celrá bei Gerona und in der City von Barcelona, dort, wo Nobelläden edle Klamotten und teuren Schmuck in ihren Auslagen haben. Er erwirbt zwei Doppelhaushälften in Lloret inklusive Swimmingpool und will sich noch eine Yacht zulegen (Bericht ab Seite 70). Den Liegeplatz kauft er schon mal.

Wirtschaftlich kann ihm nichts mehr passieren. Denkt er. „Die Spanier sind doch die Ostdeutschen von Europa. Sie wohnen ja teilweise auch sehr einfach hier in der Umgebung, und im Winter sind sie mehr oder weniger alle arbeitslos. Dann haben sie viel Zeit und wenig Geld und werden bei uns einkaufen."

Kostenlose Werbung für den Teures billig-Laden: Touristen und Einheimische sind mit Metzen-T-Shirts unterwegs

„Vitaminas" an Marias Bar. Er strahlt: „In Spanien zahle ich nur 35% Einkommensteuer statt 56% wie in Deutschland"

Mit deutscher Urlauberin auf der Terrasse des Hotels Roger de Floor. Hier nahm sein Spanien-Abenteuer seinen Anfang

Werner auf allen Kanälen

Metzen bei Schreinemakers live. „Ich treibe denen die Quoten hoch", erzählte er hinterher stolz

Der Ramsch-König wird TV-Liebling und bekommt sogar eine winzige Rolle in der „Lindenstraße"

Das Leben der Redakteure von Margarethe Schreinemakers ist verdammt hart. Ständig auf der Suche nach neuen „Zugvögeln" wie Wunderheilern, sexuell Abartigen oder verlassenen Politikergattinnen wird es immer schwerer, echte Quotenreißer aufzutun. Und wenn ihnen mal wieder gar nichts einfällt – dann muß eben der Werner ran.

Dreimal haben sie ihn ins Studio geholt. Metzen ist ein dankbarer Gast, der die Moderatorin nie enttäuscht, weil er erstens immer das sagt, was sie hören will, zweitens keine Frage zu dumm für eine Antwort erachtet und drittens - ganz wichtig im Umfeld deprimierender Schicksale, unheilbarer Krankheiten oder verkrachter Existenzen - stets für gute Laune sorgt.

Metzen ist die Idealbesetzung deutscher Talkshows: offenherzig und nie um einen flotten Spruch verlegen, dabei höflich und bemüht, nicht intelligenter als der Gastgeber zu wirken. Daß seine Traumfrau „einen geilen Arsch und große Titten" haben sollte, wie er es im vertrauteren Kreis schon mal äußert, klingt im Fernsehen vornehmer: „Eine gute Figur und ruhig etwas mollig."

Nein, Viva-Moderatorin Heike Makatsch habe solche Kriterien nicht erfüllt, gibt er hinterher zum besten („viel zu maskulin"), dennoch plaudert er mit ihr charmant über Mode, Macher und Millionen.

Günther Jauch erklärt ihn zu einem der „Menschen 94", ZDF und Spiegel-TV machen ihn zum Gegenstand von

Reportagen, und ein Kamerateam des Hessischen Rundfunks darf ihn auf einer Dienstreise im Rolls Royce durch die neuen Bundesländer begleiten. Er ist sich für keine noch so banale Sendung zu schade, präsentiert sich beim RTL-Frühstücksfernsehen, beim Explosiv-Magazin, bei Pro7.

Werner Metzen auf allen Kanälen.

Daß er sich zum Kasper macht, erkennt er nicht - oder es ist ihm wurscht! Immerhin macht das Fernsehen kostenlos Werbung für ihn, für eine Werbeminute bei Margarethe hätte er sonst gut 140 Tausender hinblättern müssen.

Doch der TV-Ruhm ("Ich bin der Metzen aus dem Fernsehen") birgt auch ungeahnte Risiken. Die Vergangenheit holt ihn ein, erinnern sich doch plötzlich auch jene Leute wieder an ihn, denen er noch Geld schuldig ist. Nachdem er 1994 bei Margarethe zur Brautschau aufrufen durfte, erwirkt die AOK Bonn, die seit 14 Jahren noch ausstehende Krankenkassenbeiträge von 20.000 Mark zu bekommen hat, einen Pfändungsbeschluß für sein TV-Honorar in Höhe von 2.000 Mark. Betretenheit bei SAT1. Metzen rettet die peinliche Situation, indem er die Forderung umgehend befriedigt und verbreiten läßt, es habe sich um „einen ganz anderen Metzen" gehandelt.

Metzen verblüfft: Das Frauenhaus will seine Spende nicht!

Im Februar des folgenden Jahres scheint seinem Durchbruch ins Filmgeschäft

Plausch mit Viva-Ikone Heike Makatsch (oben) und zu Gast in der Kult-Serie „Lindenstraße". Er freut sich: „Ich habe natürlich Traum-Umsätze in meinen Läden seit diesem Rummel". Verfolgt von der TV-Kamera in seinem Lager in Ulmen/Eifel (unten rechts)

nichts mehr im Wege zu stehen. Metzen bekommt eine Rolle an „Mutter Beimers" Seite in der „Lindenstraße", eine winzige nur, aber immerhin darf er fünf Worte sprechen: „Nanu, die kenne ich doch?"

Tagelang hat er sich darauf vorbereitet, und Marie-Luise Marjahn bestätigt ihm hinterher, seine Sache gut gemacht zu haben. Daß die Regie den Satz später rausgeschnitten hat und er nur für Sekunden zu sehen ist, ärgert ihn dann doch.

Sein Honorar in Höhe von 5.000 Mark spendet er dem Kölner Frauenhaus! Die Antwort kommt postwendend und brüskiert den Laiendarsteller aufs höchste: Verwunderlich sei es, daß sich ausgerechnet ein anerkannter „Frauenverächter" zu dieser spendablen Geste entschlossen habe. Verärgert fordert er seine Spende zurück: „Es gibt noch andere, die das Geld dringend brauchen können."

Keine Frage: Ohne das Fernsehen hätte Metzen niemals der Ramsch-König werden können, und vielleicht ist gerade sein Schicksal das Paradebeispiel für den Umgang der Medien mit dem Individuum.

Sie holen den einzelnen aus der Masse heraus, bauen ihn zur öffentlichen Person auf, um ihn am Ende genüßlich zu demontieren. Es ist die perverseste Sparte der Unterhaltungsindustrie, weil sie das alte Prinzip von Brot und Spiele im Circus maximus mit den elektronischen Mitteln des 20. Jahrhunderts perfektioniert. Als das Schicksal mit dem Daumen nach unten zeigt, liefert das Fernsehen gnadenlos die letzten Bilder eines Sterbenden, der nicht einmal an der Schwelle des Todes erkennt, daß er längst zum Objekt des alltäglichen Voyeurismus geworden war.

Sattelzüge der Metzen-Flotte. Rund um die Uhr halten sie den Trödelkreislauf in Gang

Metzen macht mobil

Eine kleine Lektion in Metzen-Kunde:

Regel Nr. 1:
Eine Ware darf niemals zur Ruhe kommen. Bewegung ist der Motor des Geschäfts. Heute eingekauft, muß sie morgen mit Gewinn die Läden wieder verlassen haben. Es gibt für einen Postenhändler nichts Teureres, als eingelagerten Ramsch.

Regel Nr. 2:
Biete dem Kunden jeden Tag ein neues Sortiment. Artikel, die in einem Geschäft nicht mehr gehen, werden dem Warenkreislauf wieder zugeführt - und in einem anderen Laden angeboten.

Regel Nr. 3:
Sorge für die nötige Mobilität - mit einem großen Fuhrpark.

Metzens Flotte umfaßt schließlich neun 30-Tonnen-Sattelzüge von MAN, fünf 7,5-Tonnen-Lastwagen der Marken Mercedes und Volvo, drei Ersatz-Auflieger, einen Kühlanhänger sowie sechs Lieferwagen. Unaufhörlich karren sie den Ramsch durch Deutschland. Die Fahrer sind mit Handys ausgerüstet, um unterwegs schnell zu einem neuen Ziel dirigiert werden zu können und Leerfahrten zu vermeiden. Die Logistik ist ausgeklügelt. Für den schnellen Nachschub kleinerer Mengen werden ein Audi-Quattro und mehrere Kombi-Fahrzeuge eingesetzt.

Und weil günstige Angebote eine blitzschnelle Entscheidung vor Ort erfordern, werden die Fahrer mit ausreichend Blanko-Schecks versehen. Im Postengeschäft gilt: Wer zuerst kommt, kauft zuerst!

Mobilität erlaubt es ihm aber auch, schnelle Geschäfte auf Tauschhandelsbasis zu machen.

Beispiel: Ein Porzellanfigürchen soll im Einkauf 3,12 Mark kosten - ein wenig lukratives Geschäft, rechnet Metzen doch mit Gewinnspannen von 900 Prozent. Ein Ladenpreis von 31,20 Mark jedoch wäre in diesem Fall niemals zu erzielen. Also tauscht er den Nippes gegen einen Ladenhüter mit einem Verkaufspreis von fünf Mark ein - etwa fünf Besen für jeweils eine Mark. Weil ein Besen im Einkauf aber nur einen Groschen kostete, ersteht er das Figürchen letztendlich für 50 Pfennige.

Alles klar?

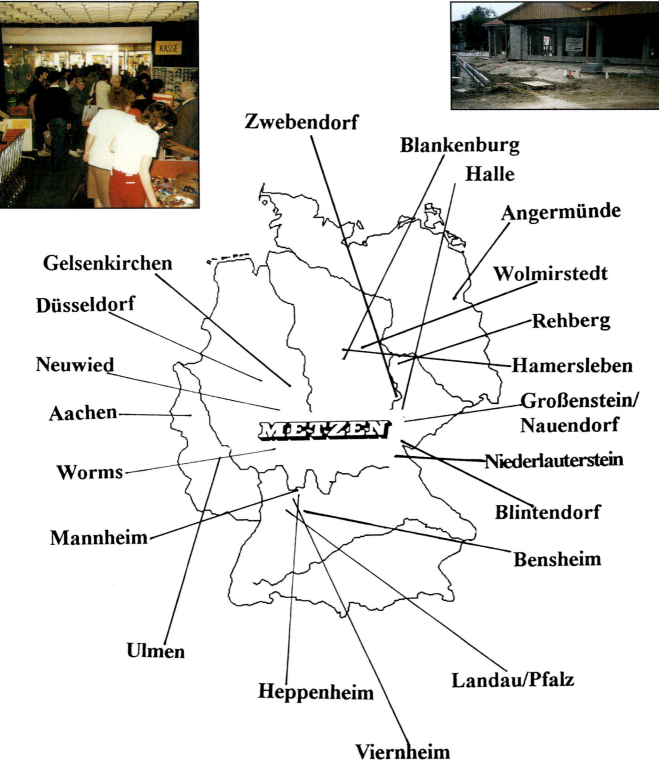

Zwebendorf
Blankenburg
Halle
Angermünde
Gelsenkirchen
Wolmirstedt
Düsseldorf
Rehberg
Neuwied
Hamersleben
Aachen
Großenstein/Nauendorf
Worms
Niederlauterstein
Blintendorf
Mannheim
Bensheim
Ulmen
Landau/Pfalz
Heppenheim
Viernheim

Lloret de Mar Spanien

Narrhallamarsch! Metzen (Mitte) inmitten der Narren von Blau-Weiß Düsseldorf. Noch kurz vor seinem Tod machten sie ihn zu ihrem Generalkonsul

Alaaf!

Ich bin Metzen, Teures billig, very nice und heiratswillig

Wie für viele Menschen, deren Wiege am Oberrhein stand, ist für Werner Metzen der 11. November Auftakt zur schönsten Zeit des Jahres: Beginn der närrischen Kampagne.

Metzen und der Karneval. Das ist die Geschichte einer großen Leidenschaft.

Schon als junger Mann treibt es ihn zu den Narren. In Phantasiekostümen nimmt er an den Umzügen in Düsseldorf und Bonn teil, er versucht sich als Büttenredner und wird später selbst Gegenstand von Motivwagen: Da fährt ein überdimensionaler Pappmaché-Glatzenmillionär auf Freiersfüßen im Zug mit, und ein Metzen-Double wirft Ramsch in die Menge...

Über Karnevalsumzüge entsorgte er seine Reste

Aber die Narretei ist eine ernste Angelegenheit. Wer in den Hochburgen des Karnevals etwas gelten will, muß ganz vorn mitmischen. Werner Metzen, der in Bad Godesberg seine Karriere als Ramsch-König startete, mischt mit. Vor allem mit Barem. Er schließt sich der Großen Karneval-Gesellschaft Rheinische Garde Blau-Weiß Düsseldorf und den Weinheimer Blüten an. Die Narren und Narrhallesen von der Bergstraße karrt er großzügig zum Rosenmontagszug an den Rhein.

Die Gegenleistungen lassen nicht auf sich warten: Werner Metzen wird aufgrund „besonderer Leistungen um das karnevalistische Brauchtum" zum „Ehrensenator" ernannt, er darf den Titel des „Ehrenmützen-" und „Ehrenschärpenträgers" führen und wird schließlich sogar „Ehrenpräsident" der Rheinischen Garde: „Für sein langjähriges persönliches Engagement und seine besonders großzügige Hilfe und Treue zum Wohl der Gesellschaft", heißt es auf der Urkunde. Seine Ordenssammlung, die er in einem Karton aufbewahrt, wächst.

Der Gönner mit Funkenmariechen bei einer Prunksitzung

Einmal dekoriert er seine Mutter mit dem Straßenbehang und verkündet ernsthaft, diese Auszeichnungen seien so bedeutsam wie das Bundesverdienstkreuz.

Der prominente Jeck läßt sich auf den Umzügen an der Bergstraße bejubeln und sorgt dafür, daß die Wurfgeschosse auf den Motivwagen nicht ausgehen: Lastwagenweise schickt er Tand, Plastikarmreifen und Plüschfigürchen, bis es schließlich den Organisatoren zuviel wird und sie ihm zu verstehen geben. daß ihnen Geld doch lieber sei...

Daß sie alle in erster Linie das eine von ihm wollen, ist die Tragik seiner späteren Jahre, weil er als Glatzenmillionär natürlich nicht „nein" sagen kann, würden die doch sonst denken, er sei vielleicht gar nicht so reich. Oder, noch schlimmer: Sie würden ihn nicht mehr liebhaben, den Werner.

Zu Narren zeigte er sich stets großzügig

Nur wenige wissen, daß er sich das Geld für ein Darlehen an die Rheinische Garde über 10.000 Mark bei Mitarbeitern pumpen muß!

Dafür darf er ganz vorn dabeisein und über sich selbst witzeln. Auf einer Fremdensitzung geht er in die Bütt´ und kalauert: „Ich bin Metzen, Teures billig, very nice und heiratswillig..."

Werner, Komödiant und Witzbold.
Bei den Narren fühlt er sich wohl. Hier
heiteren Seite nehmen. Sie ernennen i

Im Februar 1996, Werner Metzen hat sich gerade - vorübergehend, wie wir sehen werden - aus dem aktiven Geschäftsleben zurückgezogen, ereilt ihn eine neue Ehrung: Die Düsseldorfer Narren machen ihn zum „Dr. Humoris causa". „Seit vielen Jahren ist er ein Freund und Gönner der Gesellschaft, vor allem aber stets ein natürlicher Mensch, der immer da hilft, wo die Gesellschaft ihn braucht", heißt es in der Laudatio.

Der Ramsch-König als „Doktor ehrenhalber". Ein mit Spenden gekaufter Titel, freilich, in den Augen von Karnevalabstinenzlern ein höchst alberner dazu. Doch für Metzen bedeutet er mehr - er ist ein Gradmesser seiner Beliebtheit. Anerkannt werden, Sympathien gewinnen, Achtung verdienen sind stets die Triebfedern seines Denkens und Handelns gewesen.

Befindet er sich von einem echten Doktortitel auch so weit entfernt wie der Modeschmuck in seinen Läden von der Auslage eines Juweliers, so gelten ihm, dem Aufsteiger aus einem weithin unbekannten Nest am Rhein, die närrischen Titel und glasperlenbesetzten Umhängsel mehr als die Eröffnung einer neuen Filiale.

Doch sein närrischer Ruhm verblaßt so schnell wie der als Ramsch-König. Als es dem Ende zugeht, läßt kein Karnevalist mehr etwas von sich hören. Schluß mit lustig.

Aber, wie gesagt, die Narretei ist ein gnadenloses Geschäft.

Am Aschermittwoch ist alles vorbei... Metzen mit Dogge von Angela von Hohenzollern bei einer Faschingsfete in seinem Appartement. Unten: Narren-Urkunde

kann er das Leben von seiner hn zum „Dr. Humoris causa"

Ein hübscher Anblick: Zu Metzens 49. Geburtstag haben die Mitarbeiter eine besondere „Gratulantin" verpflichtet

Ein starkes Betriebsklima

... herrscht bei der Metzen GmbH: Da spendiert die Belegschaft dem Chef schon mal ein Dessous-Mädel

Bewerbungsschreiben? Psychologische Tests? Probezeit? Nicht bei Werner Metzen. Die Auswahl seines Personals besorgt er mit unkonventionellen Methoden.

• Während einer Taxifahrt nach Hause schildert ihm der Fahrer sein Schicksal: Arbeitslos, keine Perspektive. Dabei habe er doch, was man heute suche: Ehrgeiz und Tatkraft. Metzen stellt ihn sofort ein - als Einkäufer mit 5.000 Mark Gehalt im Monat. In seine Zuständigkeit fällt die Anmietung neuer Geschäftsräume.

• Auf der Suche nach einem neuen Chauffeur wird Metzen ausgerechnet in einer Kneipe fündig. Das Problem: Der Bewerber besitzt weder eine Fahrerlaubnis noch einen Anzug. Metzen löst es auf seine Weise: „Hier haste 5.000 Mark, kauf dir was Gescheites zum Anziehen und mache den Führerschein davon." Erst, nachdem der designierte Chauffeur durch die Fahrprüfung gerasselt ist, wird er - mit Abfindung, versteht sich - entlassen.

Kein Wunder, daß das lustig, freundschaftliche Klima in der Firmenzentrale in Bensheim und ab 1993 in Viernheim an eine Dauerparty erinnert.

Nicht alles war lustig und fröhlich...

Leitende Mitarbeiter pflegten die Abende häufig im Metzteneigenem Bistro „Ambiente" ausklingen zu lassen, wo sie als „Freunde" des Chefs nichts zu zahlen brauchten.

Weihnachtsfeiern veranstaltet er in seinem Lieblingslokal Bierdorf in Bensheim - einmal unter Mitwirkung von Harald Juhnke, den er im Rolls herankarrt.

Tolle Tage: Der Chef mit kostümierten Sekretärinnen

„Er war der beste Chef der Welt und zu uns wie ein guter Freund", sagt Frau Skowron.

Und großzügig obendrein! **Das übertriebene Vertrauen zum Personal grenzte schon fast an Schwachsinn.** Umsatzstarken Filialleitern gestattet er schon mal, in die Kasse zu greifen: „Nimm dir'n Tausender und geh schön essen."

Die Belegschaft bedankt sich an seinem 49. Geburtstag mit Selbstgebasteltem - ei-ner Kette aus 49 Schnapsfläschchen. Und einem Dessous-Girl, das aus einer schlaufenverzierten Kiste hopst. Eine ehemalige Mitarbeiterin erinnert sich: „Er hat sich gefreut wie ein kleiner Junge."

Oktoberfest 95: Er darf bei „Käfer" die Festkapelle dirigieren

Legendär der Betriebsausflug 1994 - nach München zum Oktoberfest. Christine Skowron: „Er ließ morgens jeden mit dem Taxi zum Bahnhof bringen. Im ICE gab's dann ein Champagnerfrühstück." Nach einem Wies'n-Rundgang hielt Metzen seine Leute im Käfer-Zelt frei, wo er - Auszeichnung für besondere Gäste - die Kapelle dirigieren durfte.

Auszeichnung: Metzen darf den Takt vorgeben...

... und trifft an der Schießbude ins Schwarze

Gruppenbild mit schweren Rösser auf der Wies'n

Für seine Firmenfeier engagierte er aus Spanien den „Golden Mann"

Was um alles in der Welt fasziniert ihn eigentlich so an Ziegen?

Da können die Ziegenzüchter von Bensheim wirklich nicht meckern: Der Ramsch-König übernimmt die Patenschaft für den Zuchtbock „Werner M.". Kein Scherz: Metzen hat ein Herz für Ziegen!

Er ist Ehrenmitglied des Bensheimer Ziegenzuchtvereins und im Jahr 1989 sogar Schirmherr der Südhessischen Ziegenschau.

Und das ist immerhin eine Veranstaltung mit internationalem Flair, haben doch sogar befreundete Ziegenzüchter aus Ungarn ihr Kommen angesagt.

Der Schirmherr läßt zur musikalischen Untermalung der Tierschau die 13köpfige Gesangsgruppe Twens („bekannt durch Funk und Fernsehen") auftreten und hat, wie ein lokales Anzeigenblatt mit unfreiwilliger Ironie verkündet, ein weiteres Bonbon parat: „Metzen will als Höhepunkt seine langjährige Freundin Prinzessin Erina I. von Sachsen als Ehrengast auf der Ziegenschau präsentieren."

Frage: Was, um alles in der Welt, hat er mit Ziegen am Hut?

Vater konnte nicht nein sagen, wenn ihn ein Verein um Unterstützung bat. Die Ziegenzüchter fand er so sympathisch, daß er ihrem Verein beigetreten ist, sagt Lars.

Da muß es noch was anderes geben. Vielleicht ist es die Liebe zum Land, die er schon als Junge verspürte, zum Leben in und mit der Natur. Der Ramsch-König als Öko-Bauer - durchaus denkbar, wie er auf dem kopfsteingepflasterten Marktplatz einer Kleinstadt steht und vor Hausfrauen Wirsingköpfe und Kohlrabi feilbietet: „Leute, die pure Gesundheit. Alles muß raus, morgen gibt's was Neues, also zugegriffen..!"

Freilich, Millionär werden läßt sich damit nicht, aber wenn man's schon ist, was liegt dann näher, als sich gelegentlich dem strengen Odeur eines prämiierten Ziegenbocks auszusetzen.

Zurück zu „Werner M.": Der Zuchtbock und sein Pate verstanden sich, so ein lokaler Berichterstatter, „auf Anhieb gut, was sicherlich nicht nur an der Namensgleichheit lag".

Real-Satire von der Bergstraße.

Ehrenmedaille für Verdienste um die Ziege, mit der Metzen ausgezeichnet wurde, und ein Pokal, den er für erfolgreiche Züchter stiftete - Zeichen einer unerklärlichen Passion

Sport-Kegler mit Metzen-Trikots. „Er gefiel sich in der Rolle des Wohltäters", sagen seine Angehörigen

Für Vereine hatte er immer ein offenes Ohr

Wenn ihn jemand um eine Spende bittet, sagt er niemals nein

Werner Metzen ist sieben, da kommt ein Wanderzirkus nach Niederbreisig. Nichts Aufregendes: Ein paar Tiere, Jongleure, der Clown. Dem jungen Metzen fällt, als er die Zirkuskinder besucht, etwas auf, das er nicht kennt: Armut. Er rennt nach Hause, räumt seinen Kleiderschrank und die Spielzeugkiste aus. Sie sollen alles haben!

Die andere Seite des Werner Metzen.
Mit zunehmendem Alter nimmt seine Spendenfreudigkeit manische Züge an. Man könnte ihn als Mäzen bezeichnen, hätte er sein Mäzenatentum mit Verstand und Ziel betrieben. Doch davon keine Spur.

Er gefällt sich in seiner Rolle als Big Spender: Den Keglern des SKC Starkenburg Heppenheim spendiert er Trikots, den Handballern gibt er einen Scheck, Karnevalisten, Ziegenzüchter, Notleidende in Mittelamerika, Kinder in aller Welt - stets hat er ein großes Herz und ein offenes Portemonnaie. Weihnachten ist er nicht mehr zu halten: Dem Hannoverschen Altenheim Birkenhof läßt er 4.000 Mark zukommen, der Feuerwehr von Kerkow bei Angermünde spendiert er 17 Feuerwehrhelme, für die Eröffnung einer Ausbildungsstätte für Lernbehinderte stellt er in Nauendorf ein Grundstück zur Verfügung. Er ersteigert die Jacke des Springreiter-Champions Franke Sloothaak und reicht sie meistbietend weiter, zugunsten des Altenheims Haus Johann in Heppenheim.

Doch zunehmend verliert er den Blick für echte Bedürftigkeit und das Maß der Dinge. Die Bitt- und Bettelbriefe an den „lieben Herrn Metzen", die jeden Tag in der Firmenzentrale eingehen, spiegeln deutsche Schicksale und bisweilen schlichte Unverfrorenheit wieder.

Eine Hausfrau, natürlich „unverschuldet in Not geraten", braucht mal eben 5.000 Mark, um Mietrückstände zu begleichen, ein Haftentlassener möchte sich selbständig machen wie der Glatzenmillionär und hätte gern das Startkapital von 2.000 Mark, ein Geschäftsmann, von fiesen Partnern übern Tisch gezogen, würde sich über eine kleine Finanzspritze freuen...

Metzen schickt Geld - nicht immer, aber immer öfter. Sein Vertrauen scheint grenzenlos: Einmal bürgt er im Fall eines völlig Unbekannten für eine Schuld in Höhe von 15.000 Mark - und muß zahlen. Seine engsten Mitarbeiter sehen die Großzügigkeit mit wachsendem Entsetzen, zumal manch andere Rechnung offen bleibt, und Mutter Ina mahnt: „Junge, du sollst doch nicht so viel spenden." Er antwortet: „Alles Gute, das du tust, kommt zu dir zurück."

„... faßt der Heidi von hinten an die Schultern": Werner im Rausch der Gefühle. „Ein zärtlicher Liebhaber", sagen die (meisten) Damen, die seine nähere Bekanntschaft machten

Er verführte über 1.000 Frauen

Ob blond, ob schwarz, ob braun - Werner Metzen liebt alle Frau'n. Ob in Deutschland oder in Spanien, gern schmückt sich der Ramsch-König mit attraktiven Begleiterinnen. Wenn er auf eine Lust bekommt, läßt er sie sich auch schon mal „einfliegen"...

Sagte er jedenfalls. Wie auch immer: Daß er als Liebhaber über starke Qualitäten verfügte, bestätigen einige, die sich ein Urteil darüber bilden können. Er blieb trotzdem immer ein Realist: „Das Geld macht mich so attraktiv"

Wenn sich die blonde Kuchenverkäuferin (19) im rheinischen Bad Pyrmont über die Backwaren beugt, schaukeln zwei prächtige Dreipfünder in ihrer Bluse.

Diese Vorzüge stechen Werner Metzen ins Auge, als er sie in einem Saarbrücker Hotel trifft. Dralle Brüste schätzt er bei Frauen mehr als einen hellen Verstand: „Den habe ich selber."

Nach der ersten Liebesnacht nennt er sie zärtlich „Sahneschnittchen". Das Haltbarkeitsdatum ihrer Beziehung geht jedoch kaum über das von Konditoreierzeugnissen hinaus. Nachdem das „liebe, unschuldige Bäckermädchen" (O-Ton Metzen) ihre beiden hervorragendsten Eigenschaften in einer Schmuddel-Postille hat abbilden lassen, gibt er ihm den Laufpaß. Da schützt sie auch eine angebliche Schwangerschaft nicht mehr vor der Abschiebung zurück an die Kuchentheke. Ende der Episode.

Derer gibt es viele im Leben des Werner Metzen. 1.500 Frauen habe er gehabt. Sagt er am Ende seines Lebens. Das wären 44 p.a., gerechnet ab seinem 16. Lebensjahr...

Bettina H. (im Hintergrund) war eineinhalb Jahre Lebensgefährtin des Ramsch-Millionärs

„Im Bett sehr befriedigend"

War Werner Metzen sexsüchtig?

Nein, aber er konsumierte Frauen wie Champagner. Wilhelm Benning (40), Hausmeister in der Karlsruher Straße in Weinheim: „Eines Morgens bat er mich in sein Penthouse und fragte, ob ich Russisch könne. Er hatte eine Russin im Bett. Die Dame verstand kein Wort Deutsch. Er fuhr seelenruhig ins Büro, während ich im Wörterbuch die Begriffe für `Aufstehen´ und `Auf wiedersehen´ nachschlug."

Hat er Frauen gekauft?

„Nicht direkt mit Geld. Sie flogen einfach auf ihn. Verblüffend. Manche warteten vor seiner Tür. Stundenlang. Mit nichts dabei als ihrem Kosmetikköfferchen."

Was Frauen zum Ramsch-Millionär hinzog:

• **Faktor Reichtum:** Sie rechneten sich ein sorgenfreies Leben an seiner Seite aus. Er war Realist: „Geld und Macht machen mich attraktiv."

• **Faktor Society:** Partys, Empfänge, TV-Shows - für junge Mädchen war er der Türöffner zur Welt der Promis, zum Showbiz. Viele erhofften sich durch ihn eine Karriere.

• **Faktor Charme:** „Er gab jeder Frau das Gefühl, eine Königin zu sein", schwärmt eine. Ein wunderbarer Plauderer. Tochter Anja, die seine amourösen Abenteuer in Spanien erlebte: „Er brachte es fertig, an der Strandpromenade Reisebusse zu stoppen und die Insassen zum Champagner einzuladen. Das hübscheste Mädchen suchte er sich aus - und keine halbe Stunde später hatte er sie im Bett. Manchmal mehrere gleichzeitig."

• **Faktor Outfit:** 8.000 Mark-Anzüge, goldene Uhr, Seidenkrawatte - Werner Metzen war der personifizierte Erfolg. Ein Mann, mit dem sich jede Frau gern schmückt: Seht her, was ich mir geangelt habe!

• **Faktor Glatze:** Für viele

Mit 15 ins Bordell

Frauen Zeichen großer Potenz. Gibt aber auch Vertrauen: Ein Mann mit Lebenserfahrung, ein Partner zum Anlehnen.

War Werner Metzen ein guter Liebhaber?

„Ja", sagt Leonie (heute 35, verheiratet, 3 Kinder). „Im Bett war es mit ihm sehr befriedigend." „Ja", sagt Bettina (heute 27). „Ich erinnere mich noch an unsere erste Nacht in seinem Penthouse in Düsseldorf."

Immer wieder verblüfft der Don Juan seine Umgebung in Spanien mit seiner kaltschnäuzigen Zielstrebigkeit: Fällt sein Auge am Strand auf ein hübsches Mädchen, schickt er seine momentane Begleiterin unter einem Vorwand in den Laden und verschwindet wenig später mit seiner Eroberung im Schlafzimmer. Zwei dänische Urlauberinnen, mit denen er sich gleichzeitig vergnügt hat, schiebt er diskret ab, als seine damalige Freundin Denise überraschend eintrifft - und feiert mit ihr das Wiedersehen im Bett.

Bea von Anhalt ist sechs Monate seine große Liebe

Die 19jährige Thüringerin, die ihm in Lloret über den Weg läuft, wird seine letzte Gefährtin. „Am liebsten hatte er es", erinnert sie sich später in einem Interview, „wenn ich ihn auf der Couch in den Schlaf streichelte."

Sie kommt dem idealen Frauenbild des Werner Metzen wohl am nächsten: „Ich steh' auf mollig. Klein muß sie sein, damit sie meine Glatze nicht sieht. Und jung. Ich hab' seit zehn Jahren eine Freundin (gemeint ist Bettina Simon, s. Seite 108). Sie ist 26. Eigentlich schon ein bißchen alt für mich."

Je mehr Frauen er hatte, um so anspruchsvoller wurde das Idealbild seiner Traumfrau.

Seine Begleiterinnen kleidet er am liebsten selbst ein: Minirock, Stilettos, Strapse. Zumindest in einem Fall bedient er sich des aufreizenden Outfits gezielt fürs Geschäft. „Zu einem Einkaufsgespräch in einer Druckerei bei Frankfurt nahm mich Werner in einem engen, tiefausgeschnittenen Kleid mit. Er breitete die Ware - Glückwunschkarten und Briefpapier - auf dem Boden aus. Ich mußte mich dann hinunterbücken, um sie einzeln aufzuheben. Dem Verkäufer fielen fast die Augen aus dem Kopf. Es wurde ein Bombenabschluß für uns...", erzählt Leonie. Drei Jahre ist sie seine Angestellte und Lebensgefährtin. Dann macht sie Schluß. „Ich sagte es ihm im Laden. Er hat nicht mal richtig hingehört..."

Knackige Häschen à la Playboy liebt er besonders, zur Feier seines 50. Geburtstages engagiert er gleich zwei

Die Söhne dürfen früh erste sexuelle Erfahrungen machen. Als Sohn Lars 15 wird, spendiert ihm der Vater einen Besuch im Bordell: „Er drückte mir 200 Mark in die Hand und sagte: `Amüsier dich gut.´"

Der Sex, sagen Eingeweihte, habe Metzen schließlich auch umgebracht: In seinen letzten Monaten lehnt er es ab, lebensrettende Medikamente einzunehmen, weil auf der Packungsbeilage triebdämpfende Nebenwirkungen vermerkt sind.

Insider wollen aber auch von häufigen Bordellbesuchen Metzens kurz vor seinem Tod wissen. Glaubhaft?

„Nein", sagt Lebensgefährtin Bettina (siehe Interview ab Seite 108). „In puncto Sex galt für ihn der Firmenslogan: Teures billig."

Glatze auf Brautschau

Pickel am Po? Und tschüß..!

Foto mit „Damen" - der Fotograf einer Zeitschrift arrangiert

Hinterher weiß keiner mehr genau, wie's anfing. Fest steht: Ein Fernsehreporter hat Werner Metzen gefragt, ob er „keine Frau fürs Leben" suche. „Na klar", hat der geantwortet. Er sucht ja immer Frauen. Weniger fürs Leben. Mehr fürs Bett.

Der größte Public Relations-Gag des Jahres 94 entwickelt sich mit der Eigendynamik einer Schneelawine. BILD und Margarete Schreinemakers („Werner Metzen sehnt sich nach Liebe") heizen das Millionenspiel an. 4.000 Teilnehmerinnen bombardieren den Millionär auf Freiersfüßen mit Zuschriften.

• Friseurin Iris verspricht, ihm „neue Haare auf die Glatze" zu küssen.

• Eine Eva aus Neuss schickt ein Foto in schwarzen Strapsen („von Mutti geknipst").

• Eine Studentin aus Weimar sieht sich schon als Braut - „mit einer sechs Meter langen, weißen Schleppe".

• Bankkauffrau Manuela, getrennt lebend, ein Kind, versichert ihm, „über Sex sehr frei" zu denken, und

• eine 15jährige Schülerin („Ich bin die Hübscheste in der Klasse") bietet sich an in der Hoffnung, „daß Herr Metzen einen guten Job für meinen Papi hat".

Der Angebetete tut sein Möglichstes. Dutzende Bewerberinnen um den Titel „Frau Metzen" lädt er zu „Vorstellungsgesprächen". Eine Vertraute: „Er holte die einzelnen Kandidatinnen mit dem Rolls Royce am Flughafen Frankfurt oder am Bahnhof in Mannheim ab. Die Reisekosten zahlte er. Wer nicht gut roch oder tipptopp gekleidet war, wurde umgehend zurückgeschickt. Eine tauchte im Jogging-Anzug auf - durchgefallen. Die anderen lud er zum Essen ein. Wer anschließend nicht mit ihm ins Bett wollte, war aus dem Rennen!"

An Äußerlichkeiten stellt er höchste Ansprüche: Eine junge Holländerin setzt er vor die Tür, weil sie, wie er im Schlafzimmer feststellt, „vorn so platt wie ihre Heimat" sei, andere schmeißt er raus wegen beginnender Zellulitis oder eines Pickels am Po. Selbst eine prominente Bewerberin aus gutem Hause, der in einschlägigen Kreisen beste Chancen auf das Millionen-Schnäppchen eingeräumt worden waren, scheidet vorzeitig aus - ihrer nicht optimalen Oberschenkel wegen. Kommentar Metzen: „Die klappert beim Gehen mit ihren Stelzen." ◆

Oma Metzen spendet Trost

Sag beim Abschied leise Servus. Werner Metzen pflegt seine Affären auf leidenschaftslose Weise zu beenden: Kein böses Wort, keine Szene. Der Pelzmantel, den er seiner Herzensdame so großzügig zur Verfügung gestellt hat, verschwindet wieder im Schrank. In einem Fall, so erinnern sich Eingeweihte, habe die Ex das teure Stück nicht mehr rausgerückt und erfolgreich einen Anwalt eingeschaltet. Die meisten gehen den einfacheren Weg - über Mama Metzen. Die alte Dame findet stets die rechten Worte des Trostes - und spendiert ihnen als Abschiedsgeschenk ein schikkes Kostüm: „Kindchen, der Werner ist sowieso nichts für dich gewesen."

s Motiv. Anlaß: Der Glatzenmillionär sucht eine Frau

Bürodamen kauften Enthaarungscreme

Sekretärin bei Metzen: Christine Skowron

Acht Jahre lang war Christine Skowron Sekretärin bei der Metzen Warenhandelsgesellschaft mbH - und auch für seine Privatangelegenheiten zuständig. „Wir haben alle seine Frauengeschichten mitbekommen, mußten die Termine mit den Damen vereinbaren."

Sie erinnert sich an Metzens Eitelkeit. Gegen Härchen in der Nase benutzte er eine Enthaarungscreme. Die haben wir ihm aus der Drogerie holen müssen. Wir haben ihn vergeblich davor gewarnt. Die aggressiven Chemikalien haben schließlich seine Nasenschleimhaut zerstört."

♥ "Kullermund-Affäre": Sie ist die Frau, die es fast

Kurzer Traum vom Glück

Andrea, 25 Jahre jung, gertenschlanke 1,73 groß, hat ihre kleine Wohnung in Köln mit Metzens Penthouse in Weinheim an der Bergstraße vertauscht. Er scheint endlich seine Traumfrau gefunden zu haben. In seinem Badezimmer steht ihre Kosmetik einträchtig neben seinem Lagerfeld-Parfum, in seinem Einbauschrank hängt ihre Escada-Garderobe neben seinen Seiden-Anzügen.

Die neue Flamme stammt aus kleinen Verhältnissen. Ihren Buchhalter-Job hat sie in Erwartung größerer Aufgaben an der Seite des Posten-Millionärs gekündigt. Für 3.000 Mark im Monat bringt Metzen sie in seiner Firma unter. Die Stellenbeschreibung ist eher vage. Sie soll sich „um die Post kümmern, Spendenanfragen, Weihnachtsfeiern etc.". Es gibt ein Foto, da sitzt sie an seinem Barockschreibtisch und telefoniert. Die Mitarbeiter der Metzen Warenhandelsgesellschaft mbH gratulieren mit einer Glückwunschkarte zur Verlobung. Goldene Schrift auf Bütten.

Zunächst führt er sie der Öffentlichkeit vor. Andrea lächelt in Tony Marshalls Rosenmontags-Show. Lächelt bei Margarethe Schreinema-

geschafft hätte ♥ Er sagt: „Wir lieben uns ganz doll" ♥

kers. Lächelt bei Günther Jauch. Lächelt in BILD. Andrea lächelt immer. Rehaugen. Schneeweiße Zähne hinter fein geschwungenen Lippen. Er nennt sie „Kullermund", was ein Licht auf seine Einschätzung ihrer sonstigen Fähigkeiten wirft, und schwärmt, daß sie „spitze im Bett" sei. Daß er sich später abfällig über sie äußert, ist wenig chevaleresk und ungerecht obendrein.

Andrea meint es ernst, keine Frage.

Mama Metzen, der die Schwiegertochter in spe präsentiert wird, gibt ihren Segen. Sie kramt das Stamm-

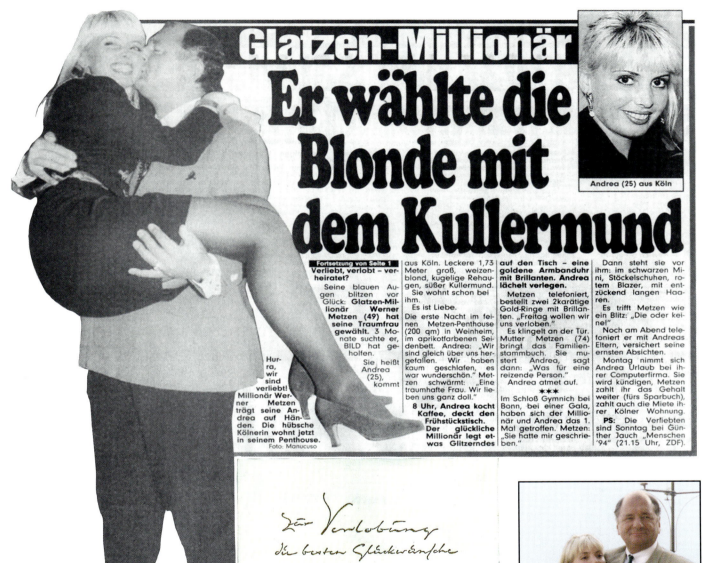

Glatzen-Millionär
Er wählte die Blonde mit dem Kullermund

Andrea (25) aus Köln

Fortsetzung von Seite 1
Verliebt, verlobt – verheiratet?

Seine blauen Augen blitzen vor Glück: Glatzen-Millionär **Werner Metzen (49) hat seine Traumfrau gewählt.** 3 Monate suchte er, BILD hat geholfen.

Sie heißt Andrea (25), kommt aus Köln. Leckere 1,73 Meter groß, weizenblond, kugelige Rehaugen, süßer Kullermund.

Sie wohnt schon bei ihm.

Es ist Liebe.

Die erste Nacht im feinen Metzen-Penthouse (200 qm) in Weinheim, im aprikotfarbenen Seidenbett. Andrea: „Wir sind gleich über uns hergefallen. Wir haben kaum geschlafen, es war wunderschön." Metzen schwärmt: „Eine traumhafte Frau. Wir lieben uns ganz doll."

8 Uhr, Andrea kocht Kaffee, deckt den Frühstückstisch. Der glückliche Millionär legt etwas Glitzerndes auf den Tisch – eine goldene Armbanduhr mit Brillanten. Andrea lächelt verlegen.

Metzen telefoniert, bestellt zwei 2karätige Gold-Ringe mit Brillanten. „Freitag wollen wir uns verloben."

Es klingelt an der Tür. Mutter Metzen (74) bringt das Familienstammbuch. Sie mustert Andrea, sagt dann: „Was für eine reizende Person."

Andrea atmet auf.

★★★

Im Schloß Gymnich bei Bonn, bei einer Gala, haben sich der Millionär und Andrea das 1. Mal getroffen. Metzen: „Sie hatte mir geschrieben."

Dann steht sie vor ihm: im schwarzen Mini, Stöckelschuhen, rotem Blazer, mit entzückend langen Haaren.

Es trifft Metzen wie ein Blitz: „Die oder keine!"

Noch am Abend telefoniert er mit Andreas Eltern, versichert seine ernsten Absichten.

Montag nimmt sich Andrea Urlaub bei ihrer Computerfirma. Sie wird kündigen, Metzen zahlt ihr das Gehalt weiter (fürs Sparbuch), zahlt auch die Miete ihrer Kölner Wohnung.

PS: Die Verliebten sind Sonntag bei Günther Jauch „Menschen '94" (21.15 Uhr, ZDF).

Hurra, wir sind verliebt! Millionär Werner Metzen trägt seine Andrea auf Händen. Die hübsche Kölnerin wohnt jetzt in seinem Penthouse.
Foto: Manucuso

Zur Verlobung die besten Glückwünsche

wünscht Ihnen die Belegschaft der Filiale Wallstadt

♥ Sie kündigt den Job und will nur für ihn da sein ♥

buch hervor. Sie ist stolz wie jede Mutter, deren Sohn nach langer Suche eine hübsche Braut nach Hause bringt. Oft hat sie aufdringliche Liebschaften am Telefon abwimmeln müssen. Endlich Schluß mit den Weibergeschichten. Hofft sie.

Die Hochzeit soll am 6. September 1995, dem 50. Geburtstag des Bräutigams, stattfinden.

Gern zeigt er seinen „Kullermund", läßt sogar Postkarten von ihr anfertigen

Natürlich will er einen Riesenrummel, mit Ja-Wort in der Kapelle des Schloßhotels zu Kranichstein bei Darmstadt, umrahmt von Prominenz und Adel. Er selbst stellt die Gästeliste zusammen und ordert das Hochzeitsmenue.

Andrea bekommt den obligatorischen Pelzmantel (Nerz, blau), einen Verlobungsring, etwas Schmuck*. „Wir lieben uns ganz doll", sagt er.

Aber sie hat auch ein Problem, von dem er nichts weiß: Sie ist noch verheiratet, lebt allerdings seit längerer Zeit getrennt. Die Scheidung läuft, und sie hofft, alles schnell über die Bühne bringen zu können. Als er es erfährt, fühlt er sich hintergangen (obwohl er sein Verhältnis mit Lebensgefährtin Bettina, die inzwischen ausquartiert worden war, nebenbei fortgesetzt hat).

Ohne Andrea reist er daraufhin verärgert in sein spanisches Domizil. Trotzig fährt sie zu einer Freundin nach Dresden. Als er zurückkommt und sie nicht in seiner Wohnung findet, be-

Let's talk about love: Das Liebespaar in einer Talk-Runde

kommt er einen Tobsuchtsanfall.

Große Aussprache, bühnenreifer Abgang der Braut - vor den Augen erstaunter Reporter, die eigentlich über das Glück des „Glatzenmillionärs" berichten wollten.

Andrea packt die Koffer. Zieht zurück nach Köln.

Werner Metzen als zufriedener Ehemann - können wir uns das vorstellen?

Dagegen spricht: Er legte in einer Partnerschaft zweierlei Maß an. Freiheit für sich, Treue bei ihr.

Als der Selbstdarsteller, der er war, hätte er seine Ehefrau hauptsächlich als Prestigeobjekt betrachtet. Aber: Schönheit allein wäre ihm auf Dauer nicht genug gewesen. Seine Frau hätte sich auf jeden Fall ums Geschäft kümmern müssen.

Undenkbar, daß Andrea täglich zehn Stunden in einem Teures billig-Laden gestanden hätte.

Und schließlich: Schönheit verblüht. Werner Metzen abends im Bett neben einer Frau mit Gurkenscheiben auf dem Gesicht? Nie und nimmer!

Nachtrag: „Kullermund" findet bald wieder einen neuen Gefährten, ebenfalls Ge-

♥ Hochzeit ist schon geplant ♥ Plötzlich alles aus ♥

„Kullermund" tritt von der Bühne ab

schäftsmann. Metzen kündigt an, die Suche nach der „Traumfrau" nun endgültig einzustellen.

*Ich glaube nicht, daß Vater sie mit Schmuck überhäuft hat, wie es in den Zeitungen zu lesen war. In solchen Dingen war er eher vorsichtig. Aber es stimmt, daß sie den Nerz und den Verlobungsring behalten durfte. Auch ihr Gehalt hat er noch eine Zeitlang weitergezahlt.

Bettina Simon war die Frau an seiner Seite. Geliebte, Sekretärin, Mädchen für alles. Keine kannte Werner Metzen so gut wie sie. Mehrmals gab sie ihm den Laufpaß, immer wieder kehrte sie zu ihm zurück. Warum?

Ja, ich war ihm hörig

Glückliche Tage: Metzen mit Bettina Simon

Zehn Jahre lang war Bettina Simon (heute 26) die Frau an der Seite von Werner Metzen. Ein Leben im Schatten. Sie war 16 und Aushilfskraft in einem seiner Läden, als sie ihm zum ersten Mal begegnete. Hier spricht sie über Liebe, Luxus - und die Qual, eine von vielen zu sein.

Kleine Verkäuferin trifft erfolgreichen Unternehmer - der Stoff, aus dem Liebesfilme sind.

Es begann tatsächlich wie im Film: Ich stand auf der Ladefläche eines Metzen-Lastwagens und half beim Abladen von Ware. Er kam auf den Hof. Unsere Blicke trafen sich - und es war geschehen.

Sie waren 16, er 42. Hatten Sie keine Bedenken?

In solchen Momenten denkt man darüber nicht nach. Ich war einfach fasziniert von seiner Ausstrahlung, von seinen sanften, lieben Augen. Ich hatte damals die Schule geschmissen, war zu Hause ausgezogen und hatte mir einen Job gesucht, um Geld zu verdienen - für eine eigene Wohnung, Klamotten...

... und gerieten in die Glitzerwelt des Werner Metzen! Ging da ein Jungmädchentraum in Erfüllung?

Anfangs war ich beeindruckt. Er lud mich

„Es war Liebe...

... und Haß zugleich

in eine Düsseldorfer Nobel-Disko ein. Es gab jede Menge Champagner. Wahnsinn, was da allein ein Glas Wasser kostete. Ich verdiente gerade mal 1.200 Mark im Monat. Werner war der strahlende Mittelpunkt, und ich kam mir völlig deplaziert vor. Später, wenn er zu den Schickimicki-Treffen nach Cannes oder Monte Carlo fuhr, blieb ich zu Hause. Immer dieselben Leute, dasselbe Gelaber und Lackaffengetue.

Wann zogen Sie bei ihm ein?

Gleich nach der Disko. Ich habe mich sofort emotional in diese Beziehung gestürzt. Es war die große Liebe.

... die Sie mit vielen anderen Frauen teilen mußten. Wie hielten Sie das aus?

Anfangs war ich glücklich, wenn wir zusammen waren. Was sonst lief, wußte ich nicht. Ich bin erst später schlauer geworden. Dann kam die Eifersucht. Extrem. Wir hatten oft Riesenkräche. Aber nur fünf Minuten - dann war alles wieder gut. Er weigerte sich, länger über einen Seitensprung zu diskutieren. „Du warst nicht da - und dann ist es eben passiert", sagte er. Fertig. Mir ging's nervlich beschissen, damals. Jeden Morgen hing ich über der Toilette und hab' mich übergeben.

Einmal zog eine andere bei ihm ein. Sie hieß Karin. Ich mußte im Büro schlafen. Morgens ging ich dann zum Duschen in seine Wohnung. Sie begegnete mir im Flur. Das lief ein paar Wochen so, dann hatte er sie satt - und ich war wieder die Nummer eins.

Ein paar Mal flüchtete ich zu meinen Eltern. Wenn er dann anrief, war alles vergessen, und ich kam zu ihm zurück. Das begreift keiner, der eine normale Beziehung hat.

Vielleicht heilte der Luxus die Wunden der Seele.

Davon habe ich nicht viel mitbekommen. Mir gegenüber war er sehr sparsam. Weihnachten bekam ich mal einen Ring für 500 Mark. Das Wertvollste war eine goldene, mit Steinen besetzte Cartier-Uhr. Und ein Nerz. Der hängt noch bei mir im Schrank. So etwas trage ich gar nicht.

Haben Sie in dieser Zeit gearbeitet?

Und ob! Ich stand im Laden, holte Ware, klapperte die Metzen-Betriebe ab, räumte auf. 70 Stunden die Woche.

Für ein gutes Gehalt?

4.000 Mark netto habe ich bekommen. Vorübergehend. Dann stufte er mich auf 3.000 runter, weil das Geld mal wieder knapp wurde.

Klingt, als hätte er Frauen wie Ramsch behandelt!

Das trifft's! Sie durften nicht viel kosten und mußten schnell wieder abgestoßen werden.

Hand aufs Herz: Waren Sie ihm hörig!

(Überlegt) Ja. Das stimmt. Ich war ihm hörig. Emotional. Es war Liebe und Haß zugleich.

Und die schönen Stunden - schon vergessen?

Das waren die Stunden, wenn wir alleine waren, zu Hause, ohne die Schnorrer und Wichtigtuer um ihn herum. Er kochte für uns. Er konnte wunderbar erzählen. Und er war sehr zärtlich.

Wurde mal über Hochzeit gesprochen?

Ich hätte ihn geheiratet. Am Anfang. Aber er wollte nicht. Später war's umgekehrt. Da hatte er schon das Stammbuch rausgekramt; die Hochzeit sollte eine Riesenshow werden. Das war nicht mein Fall.

Porträt einer Frau zwischen Glück und Horror: „Werner war der Mittelpunkt"

Werner Metzen und das Geld. Wußten Sie, wie reich - oder arm - er war?

Er hat mich nicht in die Bücher gucken lassen. Geld war nie da. Wir haben immer von der Hand in den Mund gelebt. Wenn er etwas brauchte, nahm er es sich aus der Ladenkasse. Wie schlimm es stand, merkte ich erst Ende 96. Da hat er sich schon um nichts mehr gekümmert und sich nach Spanien verzogen, während zu Hause der Gerichtsvollzieher ein- und ausging. Ich versuchte, zu retten, was zu retten war. Aber es gab keinen Pfennig mehr. Am Schluß besaß ich mehr als er.

Da war er ein todkranker Mann. Wußten Sie das?

Er sprach nicht drüber. Aber ich sah selbst, wie es um ihn stand. Dieses ständige Nasenbluten. Schrecklich! Sein Blutdruck stieg auf 200. Dazu kamen die massiven Alkoholprobleme. Er trank immer größere Mengen. Ich sagte: „Du bist ein Alkoholiker. Wenn du nicht zum Arzt gehst, hast du noch ein halbes Jahr." Er antwortete: „Ich will ja auch nicht mehr leben. Es ist doch alles Scheiße."

Was meinte er damit?

Er hatte alles erreicht, was er wollte. Nun sah er keinen Sinn mehr im Leben. Er beging Selbstmord. Auf Raten.

Anmerkung: Bettina Simon ist bis heute Single geblieben. Sie betreibt einen Sonderpostenmarkt in Neuwied.

Hereinspaziert in die heiligen Hallen des Ramsch-Königs. Es ist eine seltsame Mischung von Kunst & Kitsch, die Metzen im Laufe seines Lebens sammelt, in seine Wohnungen stellt und seine Schränke stopft. Er hat einen ganz einfachen Geschmack: Nur das Beste ist für ihn gut genug. Möbel und Bilder, Teppiche und Porzellan, Spiegel und Badezimmerarmaturen verraten den kulturellen Gourmand. Das überdimensionierte Sofa muß mit einem Kran in seine Weinheimer Wohnung gehievt werden. In die Marmorplatte des Wohnzimmertischs läßt er seinen Namen einprägen. In goldenen Lettern, versteht sich.

Sein Penthouse ist mit Kameras und Monitoren gesichert und so unpersönlich wie der Ausstellungsraum eines Möbelgeschäfts, doch er freut sich, wenn seine Besucher mit großen Augen und offenen Mündern an riesigen, blattgoldgerahmten Gemälden vorbeidefilieren oder voller Ehrfurcht auf der Kante seidenbezogener Stühlchen Platz nehmen. „Reichtum", sagt er, „muß man sehen können."

Seht her, so wohne ich

Zu Hause beim frühen Ramsch-König: Metzen richtet sich in Düsseldorf ein Appartement ein - mit chintzbezogener Sitzgruppe in rosa und Orientteppichen auf dem rosa Teppichboden (oben). Die schwarzgrüne Ledergarnitur ist Handarbeit. Im Hintergrund die Treppe zum Schlafgemach (unten). Das Interieur wirkt seltsam bunt zusammengewürfelt

Links die Küche mit Frühstückstheke und gepolsterten Barhockern, rechts das Wohnzimmer, „bewacht" von einer steinernen Raubkatze. Einzige persönliche Note im kühlen Ambiente: die Portraits seiner Kinder neben der Tür zur Terrasse (Foto links)

Rechts: Der offene Kamin mit Marmorverkleidung und Kupferhaube dient der Dekoration. Am Fenster ein Schrank, in dem der Hausherr seine Sammlung teurer Gläser und Flaschen aufbewahrt. Dazwischen ein Gemälde im wuchtigen Barockrahmen, mit Blattgold verziert

Metzens Wohnung in Weinheim: Tisch mit Goldintarsie (oben); der Hausherr am Barockschreibtisch - stilecht mit Gänsekiel und Lorgnon (rechts); mit chinesischer Vase und Gemälde

Blick von Metzens Dachgarten auf die Nachbarhäuser: Er fotografiert sie mit seiner Canon

Blow up in Weinheim

Seinen Nachbarn rückt er mit dem Teleobjektiv auf die Bude

In Antonionis filmischem Meisterwerk „Blow up" (deutsch: aufblasen, vergrößern) entdeckt ein Fotograf (David Hemmings) mysteriöse Details auf einem belanglosen Foto. Was entdeckt Metzen auf den Bildern, die er vom Dachgarten seines Weinheimer Appartements schießt?

Der begeisterte Fotograf macht Aufnahmen aller seiner Filialen. Und knipst mit einem Tele in Nachbarsgärten. Ausschnitte läßt er vergrößern. Was sieht er? Blumenbeete, Gartenstühle, Schlafzimmerfenster.

Mit einem NVA-Nachtsichtgerät beobachtet er die Umgebung. Ein Spleen. Harmlos. Oder?

Knipst liegend: Metzen als Fotograf

Werner Metzen
immer bei der Prominenz

Bei einem Empfang mit Michail Gorbatschow

Gastro, der zweite Anlauf

Metzen und Sohn Lars (li.) mit Tony Marshall vorm Ambiente. Auch wenn sich Stars und Sternchen hier tummeln, wurde das Lokal ein Flop

Gestärkt durch seine Erfolge im Postenhandel, versucht er sich erneut im Kneipengeschäft. Diesmal muß natürlich alles viel edler sein

Es gibt tatsächlich Fehler, die macht der große Metzen zweimal.

Den mit der Gastronomie zum Beispiel.

Wir erinnern uns: Ende der 70er Jahre trennt er sich von seinen Bars und dem Restaurant. Damit, hat er eingesehen, kann man nicht reich werden, sofern man nicht selbst hinterm Tresen steht.

Daß man damit aber arm werden kann, wird er jetzt feststellen müssen.

Das Schriesheimer Einkaufszentrum, ein unförmiger Klotz aus grauem Beton, ist vielleicht nicht die beste Adresse für ein Nobel-Restaurant, doch Werner Metzen übernimmt, allen Warnungen zum Trotz, das marode Bistro Ambiente. Seine Überlegung fußt auf einer Logik, die jedem Kaufmann die Haare zu Berge stehen lassen würde: „Ich gehe häufig mit vielen Leuten zum Essen, und jedesmal zahle ich. Warum soll ich das Geld nicht von einer in die andere Tasche stecken?"

Auch diesmal versucht er sich wieder an der Quadratur des Kreises: „Sensationelle Gourmet-Küche zu Teures billig-Preisen." Haute Cuisine soll bei ihm auch für den kleinen Geldbeutel erschwinglich sein. Auf der Eröffnungsfete im April tanzt Prinzessin Erina von Sachsen mit dem Konsul des westafrikanischen Cap Verde, José M. Alves, zu den Rhythmen der brasilianischen Band einen Samba.

Metzen hat den Laden mit einem gewaltigen Kronleuchter und vielen Spiegeln ausstatten lassen, um den Eindruck von Größe zu erwecken.

Derweil realisiert er im sächsischen Niederlauterstein, wo er auch einen Billig-Markt betreibt, sein nächstes Gastro-Projekt: Für 250.000 Mark erwirbt er das ehemalige Gemeindehaus, richtet es für weitere 600.000 Mark exklusiv mit Biedermeiermöbeln, Samttapeten und handbemaltem Porzellan als First-Class-Hotel und Spitzen-Restaurant ein - und wartet vergeblich auf Gäste. Hatte er die Befindlichkeit der Ostdeutschen seinerzeit völlig richtig eingeschätzt, als er DDR-Produkte in seinen Läden erfolgreich verramschte, liegt er diesmal voll daneben: „Die Einheimischen", muß er bald bedrückt feststellen, „holen sich ihr Bier lieber in Dosen und trinken es zu Hause." Auch in der großen Halle, für Empfänge und Kongresse gedacht, ist selten was los. Der kleine Ort an der Flöha tut sich schwer mit dem Fremdenverkehr.

So dümpelt der Umsatz des Gasthofs Metzen bei 500 Mark am Tag eher kläglich dahin. Zwar wird Metzen noch im selben Jahr für sein unternehmerisches Engagement vom Bürgermeister zum „Ehrenritter der Herrschaft zu Lauterstein" ernannt, eine weitere Urkunde in seiner umfangreichen Sammlung, ansonsten jedoch nur ein schwacher Trost für das finanzielle Debakel. Inzwischen erweist sich auch das Ambiente als Flop. Seiner Ausgangsüberlegung zufolge ist Metzen tatsächlich sein bester Gast (ein Mitarbeiter: „Nur die wenigsten zahlten"), darüber hinaus scheitert das Küchenpersonal am gastronomischen Teures billig-Anspruch. Mehrere Köche werfen entnervt das Handtuch. Ein Gast: „Eigentlich schmeckte alles gleich - nach Sauce Bernaise." Und weil, wie er glaubt, das Personal überdies in die eigene Tasche wirtschaftet, stellt er eigens einen Aufpasser ein.

1995 trennt sich die Metzen Gastronomie GmbH von den beiden „Abschreibungsobjekten" und geht in die Liquidation.

„Das mit der Gastronomie mache ich aus Gaudi", hatte Werner Metzen noch zwei Jahre zuvor erklärt. Eine teure Gaudi: Sie kostet ihn unterm Strich gut eine Million Mark. ◆

Renommierobjekt Gasthof Metzen in Sachsen: Das edle Interieur verprellt die Einheimischen und lockt keine Fremden

Postkartenwerbung für das Nobel-Hotel - vergeblich: Für 500.000 Mark stößt er das Haus schließlich ab

Metzen im Kreis seiner Miramar-Freunde. Am Schluß mußte er auf ihre Gesellschaft verzichten - er hatte kein Geld mehr

Er liebte jede Art von Festen und Feiern im großen und kleinen Kreis

Das Miramar Freizeitzentrum am Stadtrand von Weinheim gilt als Mekka der Freunde textilfreier Badefreuden: „Großzügige Sauna- und FKK-Anlagen, eingebettet in eine traumhafte Parklandschaft, garantieren Ruhe - oder Geselligkeit", verspricht die Werbung.

Werner Metzen ist Stammgast im Miramar. Immer mittwochs läßt er im Saunagarten die Hosen runter und die Clique den Werner dann hochleben. Wen wundert's: Er bezahlt ja immer.

Der Ramsch-König mit Bewunderern und Freunden in seinem Windschatten. Bis zuletzt umgibt er sich mit einer illustren Gesellschaft von Abstaubern und Bewunderern, Schmarotzern und Kumpels, Intriganten und Spezies. Er züchtet sich seine Hofschranzen heran und hält sie sich als Ersatz für wirkliche Freunde, deren Zahl gering ist (siehe Seite 80). Schuld hat seine Sucht, im Mittelpunkt stehen zu müssen.

Ein ehemaliger Geschäftsfreund Metzens erinnert sich

an ein Frühstück auf Kollers Kahn, einem Restaurant-Hausboot in Düsseldorf: „Nach kurzer Zeit hatte Werner alle anderen Gäste eingeladen - wildfremde Leute, ganze Familien. Es gab Sekt für alle, und er sagte: `Leute, ich bin der Ramsch-König von Deutschland'."

Seine Großzügigkeit wurde zum Teil schamlos mißbraucht!

Daß einige nur zu gerne zugreifen, will er nicht sehen. „Die kamen nur in sein Lokal Ambiente, wenn er auch da war - sonst hätten sie ja bezahlen müssen", erzählt Metzen-Filialleiter Ralf Schneckenburger.

Im Glanz des spendablen Millionärs sonnen sich auch die „Jacob-Sisters", die er auf seinem 50. Geburtstag auftreten läßt (Seite 119) und die sich bei einem Besuch seines Walldorfer Lagers großzügig bedienen dürfen.

Generosität läßt er auch in seinem Unternehmen walten. Bewerbungsschreiben? Lebenslauf? Probezeit? Nicht bei Werner Metzen.

Arbeitslose, die ihn auf der Straße ansprechen und ihm in bewegenden Worten ihr Schicksal schildern, stellt er ohne weitere Prüfung ein - als Lageristen, Verkäuferinnen, Fahrer, sogar als Filialleiter. Sein Vertrauen scheint grenzenlos...

Eine Kneipenbekanntschaft engagiert er vom Fleck weg als Chauffeur. Einziges Problem: Der Kandidat besitzt weder einen Anzug noch eine Fahrerlaubnis.

Wer zur Clique gehört, steigt auf. Einer avanciert zur rechten Hand des Ramsch-Königs mit 8.000 Mark Bera-

Für jeden Spaß zu haben: Wenn der Glatzenmillionär feiert, dürfen ihn seine „Freunde" auch mal naß machen (oben). Die „Jacob-Sisters" schicken ihm Weihnachtsgrüße, auch sie zählten zu seinem Freundeskreis

terhonorar im Monat, andere werden mit guten Jobs belohnt oder dürfen kostenlos in seinem spanischen Domizil Urlaub machen.

Erst ganz zum Schluß, als er schon vom Tod gezeichnet ist, dämmert es ihm, daß man sich Freundschaft nicht kaufen kann. „Ich dachte immer", sagt er, „die Menschen freuen sich, wenn einer Erfolg hat. Aber es gibt ja nur noch Neid und Mißgunst." ◆

Werner Metzen strahlt: UNESCO-Vertreterin Ohoven mit dem 100.000-Mark-Scheck. Fast ein Jahr wird es dauern, bis der Betrag abbezahlt ist

Des Sonnenkönigs 50. Geburtstag

Es war eine rauschende und sagenhaft teure Ballnacht

Der 4. November 1995 ist ein ungemütlicher Tag; es hat geregnet, und ein leichtes Glatteis bedeckt abends die Straßen. Wer nicht unbedingt aus dem Haus muß, bleibt in seinen vier Wänden.

Die Mehrzweckhalle in Schriesheim an der Bergstraße ist an diesem Abend auch weniger gut besucht, als erwartet; besser gesagt: Der Gästestrom ist eher kläglich. Und dies, obwohl ein „Sonnenkönig" zur Geburtstagsfete bittet - Werner Metzen feiert seinen 50.

Die Einladungsliste umfaßt 1.500 Namen - Geschäftspartner, Freunde, Mitarbeiter.

Monate zuvor hatte die Führungsebene der Metzen Warenhandelsgesellschaft mbH das Großereignis geplant. Der Chef selbst war auf die Idee gekommen, die enormen Kosten durch Bandenwerbung zu senken. Delikatessen- und Weinhändler, Metzgereien, Brauereien und Sektkellereien dürfen ihre Stände mit Reklame versehen - gegen kostenlose Abgabe ihrer Erzeugnisse.

Ein Toyota-Autohaus erklärt sich bereit, einen unentgeltlichen Fahrdienst für die Gäste in die Hotels und zum Bahnhof durchzuführen.

Der Clou aber soll eine große Spendenaktion für Kinder in der Dritten Welt sein. Zu diesem Zweck, so Metzens Idee, zahlt jeder Gast vorher den Betrag von 100 Mark auf ein Spendenkonto ein.

Doch schon Tage vor dem großen Ereignis zeichnet sich ernüchternd ab, daß die Spendenfreudigkeit der Geladenen gering ist: Gerade mal 39.000 Mark waren auf dem Konto eingegangen - wobei einige wenige Gäste sogar bis zu 1.000 Mark locker gemacht hatten, die meisten jedoch überwiesen gar nichts.

Der Abend selbst gerät zur letzten Demonstration Metzenscher Prachtentfaltung - eine rauschende Ballnacht mit 600 Gästen.

Vielleicht spürt der Ramsch-König in jener Nacht aber auch, daß sich die Zeit zu ändern und sein Stern zu sinken beginnt. Viele geladene Gäste haben mit dem lapidaren Hinweis auf Zeitmangel abgesagt, andere sich nicht mal der Mühe einer Absage unterzogen. Einige jedoch machten keinen Hehl daraus, daß es ihnen lieber wäre, Metzen zahle erst einmal seine offenen Rechnungen...

Was sich jedoch in den Stunden bis zum Morgengrauen abspielt, hat die Schriesheimer Mehrzweckhalle noch nicht erlebt. Statisten in bunten Phantasiekostümen und langbeinige Bunnys in Netzstrümpfen umschwirren den Gastgeber wie buntes Gefolge einen hofhaltenden Fürsten.

Es gibt eine Bierkneipe, ein Restaurant, Bistros. Buffets reihen sich aneinander, Weinlauben folgen auf Sektbars. Auf der Bühnenlandschaft wechseln sich die Künstler ab, unter ihnen die Deutsch-Blues-Sängerin Joy Flemming, die Stimmungskanone Werner Böhm (Gottfried Wendehals) sowie die sächsischen Klamauk-Nudeln „Jakob-Sisters".

Eine Rundfunkstation hat eine Diskothek eingerichtet, Fernseh-Teams nehmen das bunte Treiben auf - und mittendurch marschiert plötzlich, unter Fanfarenklängen, ein Zug des Weinheimer Karnevalvereins.

Die Familie ist zusammen - bis auf die Schwestern Karin und Bärbel. Er hat sie nicht eingeladen. Angst, sie könnten den zahlreichen Reportern unschöne Anekdoten aus seiner Vergangenheit erzählen?

Hinter den Kulissen indes macht sich Ernüchterung breit. 100.000 Mark hat das Geburtstagskind der UNESCO-Botschafterin Ute-Henriette Ohoven als Spende avisiert, nicht einmal die Hälfte ist zusammengekommen. Metzen entscheidet: „Ich zahle den Rest aus eigener Tasche." Sohn Lars warnt: „So viel Geld ist nicht auf dem Konto."

Unter den Gästen befinden sich leitende Mitarbeiter einer großen deutschen Bank. Ins Vertrauen gezogen, sagen sie zu, kurzfristig ein Überziehungskonto zu Verfügung zu stellen. Sichtlich erleichtert kann Werner Metzen den Scheck auf der Bühne überreichen.

Hinter seinem wie üblich strahlenden Lächeln versteckt sich aber auch Enttäuschung. Es enttäuscht ihn, daß UNESCO-Botschafterin Ohoven anschließend überhastet das Fest verläßt. Daß die Künstler, die er für seine Freunde hält, nach dem Auftritt sofort ihre Gage einfordern und sich umgehend ins Hotel fahren lassen.

Laßt bunte Vögel um mich sein: Der Gastgeber mit Feststatisten

Ernüchterung

Gut 300.000 Mark hat die Feier gekostet, und die Metzen GmbH zahlt ein dreiviertel Jahr daran ab. So etwas, gelobt Werner Metzen, werde er nie wieder tun.

Und es scheint, als habe er zu diesem Zeitpunkt die Lust am Postenhandel verloren. Er ist 50 und hat den Zenit seines Erfolges erreicht. Im nächsten Jahr will er sich aus den laufenden Geschäften zurückziehen. Sohn Lars soll ran.

Und hier sehen Sie den

Anfang vom Ende

Ein ehemaliges Kühlhaus in Walldorf bei Heidelberg. Seine größte Investitionsruine

Im Dezember 1995 residieren die beiden Chefs der Metzen Warenhandelsgesellschaft mbH noch 170 Kilometer Luftlinie voneinander entfernt: Lars in Ulmen, wo das Zentrallager des Unternehmens in einer 2.000 Quadratmeter großen Halle untergebracht ist, Werner in Viernheim, der eigentlichen Firmenzentrale.

Der Junior kümmert sich zu diesem Zeitpunkt intensiv um seine eigenen Filialen, neun an der Zahl, sowie den Fuhrpark. Er erzählt:

Ich kaufte auch komplett Ware für die ganze Firma ein. Aber schon damals gab es immer wieder Ärger mit der Zentrale, zum Beispiel, wenn Rechnungen zu begleichen waren. Vater versprach zwar, Schecks zu schicken, aber es kamen selten welche.

Haben Sie sich darüber keine Gedanken gemacht?

Es war mir klar, daß wir uns ganz schön strecken mußten. Aber wie es stand, wußte ich nicht. Wir lebten in Ulmen von der Hand in den Mund. Meine Läden liefen mittelmäßig, die übrigen 44 zum Teil schlecht, andere aber auch sensationell gut. Heute weiß ich, daß die mir damals bekannten Zahlen die wirkliche Lage des Unternehmens nicht widerspiegelten.

Im Januar 1996 beschließt Werner Metzen, sich aus dem Geschäft zurückzuziehen.

Was außerhalb der Chefetage niemand weiß - und wissen soll: Der Ramsch-Millionär hatte ohnehin nur einen - mit 30.000 Mark Monatshonorar dotierten -

Beratervertrag! Geschäftsführer und Gesellschafter ist seit Firmengründung im Februar 1988 Sohn Lars.

Warum jetzt dieser Schritt?

Vater wollte sich künftig nur noch um Repräsentation kümmern, also seine Jet-Set-Kontakte pflegen, im Rolls rumfahren, die Medien mit Stoff versorgen.

Ende 95 gab er soviel Geld aus, daß wir es nicht mehr verkraften konnten. Ein Rolls Royce für 535.000 Mark, eine Spende an die UNESCO in Höhe von 100.000 Mark. Aber die Firmenkonten wiesen nie ein Guthaben auf.

Weitere Löcher reißen alte Verpflichtungen Metzens in die Bilanz: Er begleicht - quaregallager einzurichten. Das bisherige Lager in Ulmen hält er für zu klein, und er hat schon ein Objekt im Auge: Ein ehemaliges Kühlhaus in Walldorf bei Heidelberg. Kaufpreis: Acht Millionen plus Mehrwertsteuer, dazu Umbaukosten in Höhe von 500.000 Mark.

Über diesem Vorhaben kommt es zwischen Vater

„Egal! Da stellen wir einfach ein Gerüst hin. Da denken die Leute, daß ständig gearbeitet würde."

Metzen handelt einen Ratenvertrag (62.000 Mark im Monat) aus und schickt den Junior zur Ratifizierung nach München. Dem kommen auf der Autobahn noch einmal Bedenken. Diskussionen via Autotelefon. Lars

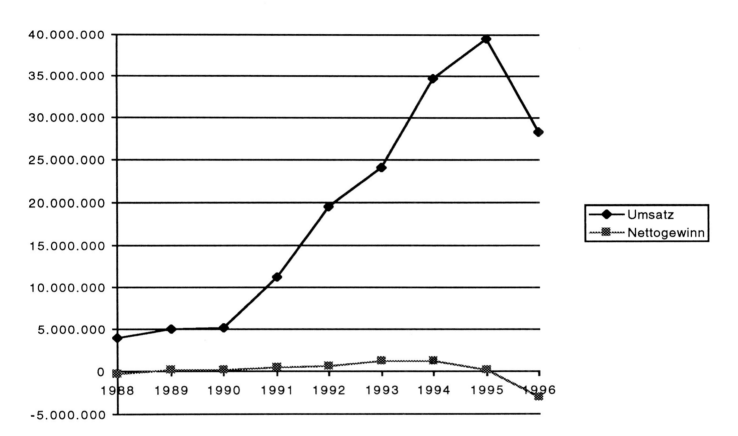

Während die Umsätze der Metzen Warenhandels GmbH stetig stiegen, machten die Nettogewinne (nach Steuern und Abschreibungen) den „Aufschwung" nicht mit. Umsatz 1988: 3,973 Milllionen DM (Verlust: 318.000 DM); 1989: 5,054 Mio. DM (Nettogewinn: 92.000 DM); 1990: 5,103 Mio. DM (171.000 DM); 1991: 11,228 Mio. DM (508.000 DM), 1992: 19,591 Mio. DM (680.000 DM), 1993: 24,116 Mio. DM (1,196 Mio. DM); 1994: 34,770 Mio. DM (1,264 Mio. DM); 1995: 39,6 Mio. DM (200.000 DM); 1996: 28,4 Mio. DM (Verlust: 3 Mio. DM)

Das hat er aber doch vorher nebenbei erledigt.

Eben: Nebenbei. Während er auf Brautschau ging, geriet die Firma in eine Schieflage. Das habe ich aber erst festgestellt, als ich Einblick in die Bücher bekam.

Er sagte: „Ich habe 30 Millionen."

Das ist ja die Tragik: Das Millionenvermögen gab es nur in seiner Phantasie.

si heimlich - immer noch Forderungen aus seinem 15 Jahre zurückliegenden Konkurs. Ein Insider weiß von Daumenschrauben zu berichten, die ihm Gläubiger anlegten: „Die drohten, mit der alten Geschichte an die Öffentlichkeit zu gehen."

Der Anfang vom Ende läßt sich ziemlich genau datieren: August 1995. Metzen senior beschließt, ein neues Hoch-

und Sohn schon bei der Besichtigung zum ersten Zerwürfnis.

„Das ist viel zu groß für uns", mäkelt Lars.

„Größe repräsentiert Macht. Die Leute sollen sehen, daß wir Geld haben."

„Das Gebäude ist völlig runtergekommen, muß dringend renoviert werden. Das kostet ein Vermögen."

kehrt unverrichteter Dinge zurück.

Trotzdem haben Sie Wochen später den Kaufvertrag doch noch unterschrieben.

Ich konnte mich gegen meinen Vater nicht durchsetzen. Ich hatte mal wieder nachgegeben. Ja, das war ein Fehler... ◆

123

Abschied von Ulmen. Im Januar 1996 wird das dortige Lager der Metzen Warenhandelsgesellschaft mbH aufgelöst. Fünf der acht Mitarbeiter gehen mit Lars nach Walldorf, wo er, ausgestattet mit Generalvollmacht, sein neues Büro bezieht. Werner Metzen, der Ramsch-König, nimmt mit einem kleinen Büro unterm Dach vorlieb. Freiwillig. „Nun mach mal", sagt er zu seinem Sohn.

Sein Terminkalender, ein Werbegeschenk der Firma MCM, weist Anfang Januar 96 nur belanglose Eintragungen auf. Ein Friseurtermin am 5., eine Karnevalssitzung am 11. Und immer wieder Medien-Dates: „RTL2 Reportage" (9.), „Gong Verlag" (18.), „Taff PRO7" (19.), „Ilona Christen Hurra, ich bin reich" (24.). „Kerner SAT1" (26. Januar).

Lars Metzen, der sich mit seiner Prätorianergarde im Holiday Inn eingemietet hat, beginnt seinen neuen Job damit, die offenen Rechnungen zu sichten. In der Buchhaltung findet er ein Chaos vor. Selbst Forderungen über 20 Mark waren seit 12 Monaten nicht beglichen.

Mit seiner neuen Flamme Prinzessin Bea von Anhalt ... inszenierte er am Düsseldorfer Rema-Hotel `Savoy' den Kauf eines 500.000 Mark teuren Bentley Azur als Riesenspektakel." Derweil ist sein Sohn damit beschäftigt, Lieferanten zu beschwichtigen, die offene Rechnungen anmahnen. Sein Fazit:

Wir hatten für 20.000 Mark am Tag Luft. Ich bemerkte allerdings, daß die Umsätze sanken. Im Januar war infolge des Umzugs keine neue Ware eingekauft worden.

Er kämpft gegen den Schlendrian. Mitarbeiter, die es gewohnt waren, mal schnell auf einen Sprung - und ein Gläschen - beim Chef reinzuschauen, müssen sich nun im Sekretariat anmelden. Kaffeepausen werden gestrichen. Ein „eiskaltes Klima" konstatieren die Mitarbeiter plötzlich. „Als der Junior kam", so eine Sekretärin, „war Schluß mit lustig." Galt der Alte als „fröhlich", „großzügig", „nachsichtig", werden dem Sohn die Attribute „ernst", „arrogant", „geizig" zugeschrieben.

Unzutreffenderweise. Lars Metzen verfügt über keinen höheren Schulabschluß. Er spricht keine Fremdsprache. Er hat weder betriebswirtschaftliche

Es geht abwärts: Metzen 1996

lenrechnung oder die Berichtspflicht des Fuhrparkdisponenten einzuführen. Vater hat alles torpediert, was keine sofortigen Gewinne versprach.

Die Kosten haben ihn nicht interessiert?

Götterdämmerung

Als erstes führte ich Kostenstellen ein, um herauszufinden, was die einzelnen Filialen zum Betriebsergebnis beisteuern. Dann zahlte ich die dringendsten offenen Rechnungen. Für Vater galt als „offen" nur, was heute fällig war. Was in drei Monaten anstand, interessierte ihn nicht. Er hatte sogar eine Anweisung gegeben, daß Mahnungen die Finanzbuchhaltung nichts angingen.

Im Büro sind noch die Handwerker damit beschäftigt, Teppichböden zu verlegen und Steckdosen zu montieren. Weil die Büromöbel, die er in der Türkei billig erstanden hat, noch nicht geliefert wurden, muß er sich mit Kisten behelfsmäßig einrichten.

TV-Teams geben sich die Klinke in die Hand. Vor surrenden Kameras gibt Werner Metzen Interviews. Am 5. Februar titelt der Kölner Express: „Millionär Metzen: Neue Liebe, neuer Rolls Royce". Textauszug: „Was nützt der ganze Reichtum, wenn ihn niemand sieht? ...

Kenntnisse noch kaufmännische Vorbildung. Die Kumpelhaftigkeit seines Vaters ist ihm fremd. Die Reserviertheit der Belegschaft empfindet er als persönlichen Affront, dem er mit Verbissenheit begegnet.

Anfang März verliert die Firma einen Prozeß gegen die Stadt Kehl, weil versäumt worden war, für die Außenwerbung der dortigen Filiale einen Bauantrag einzureichen. Lars tobt. Er nimmt die Arbeit der Rechtsabteilung, besetzt mit einem Juristen ohne Staatsexamen, unter die Lupe und stellt fest, daß dem Unternehmen durch Versäumnisurteile Kosten in Höhe von mehreren hunderttausend Mark entstanden sind.

Warum haben Sie den Mann nicht entlassen?

Das konnte ich nicht. Er war die rechte Hand meines Vaters und genoß sein volles Vertrauen. Es war mir ja nicht einmal möglich, wöchentliche betriebswirtschaftliche Analysen, eine Kostenstel-

Nur die Einnahmen. Er war, das muß ich sagen, in dieser Hinsicht ein saumäßiger Geschäftsmann.

Und Sie ein Einzelkämpfer im eigenen Haus?

Sozusagen! Ich wollte drei neue hochqualifizierte Leute einstellen, darunter einen Personalchef. Vater sagte: „Das ist was für große Konzerne. Wir wollen Geld verdienen."

• Lars führt ein Lieferscheinsystem ein, mit dem er die Warenbewegungen zwischen den Filialen kontrollieren kann. Folge: Die Fahrer beschweren sich beim Senior über den „lästigen Papierkram".

• Abmahnungen gegen Mitarbeiter werden hinter seinem Rücken vom Vater wieder kassiert.

Kehraus beim Ramsch-König: Sein Büro ist verwaist, Unterlagen sind in Kartons verpackt. Der Zwangsvollstrecker wartet

„Er w saumäßiger G

- Er kontrolliert - ein Novum in der Firmengeschichte - die Spesenbelege des Managements, läßt Bewirtungen über 200 Mark zurückgehen. Die Betroffenen holen sich das Okay beim Senior.
- Er versucht, Privilegien abzubauen; eine Führungskraft (8.000 Mark im Monat) läßt sich das abgelehnte Handy im Wurzelholz-Design vom Alten genehmigen.
- Und er will das Ramsch-Sortiment um höherwertige, billige Gebrauchsartikel wie Haushaltswaren und Kosmetika erweitern.

Der Vater: „Damit machst du höchstens 100 Prozent Gewinn. Zu wenig!"

Lars trennt sich von dem unrentablen Laden in Barcelona, für den jeden Monat 12.000 Mark Miete fällig sind (bei 1.000 Mark Umsatz am Tag), auch wenn er dafür eine Konventionalstrafe zahlen muß, und er veräußert die Filialen in Landau, Rheinau und Mannheim-City für 400.000 Mark an die Untermieter. „Gesundschrumpfen" nennt er das. Verärgert setzt sich der Vater („Du baust dir deine eigene Konkurrenz auf") nach Spanien ab, wo er mit Sohn Dirk Reporter der Zeitschrift Gala empfängt. Inzwischen ist die Grunderwerbsteuer beim Finanzamt Heidelberg fällig - 170.000 Mark.

Das Unternehmen braucht dringend eine Finanzspritze.

Eine Großbank in Berlin räumt ihm einen Überziehungskredit von 500.000 Mark ein - ohne Sicherheiten. Es muß dringend neue Ware reinkommen; einige Filialen wurden seit Wochen nicht mehr beliefert. Dann, so hofft der Junior, würden auch die Einnahmen wieder fließen.

Hätte diese Rechnung aufgehen können?

Selbstverständlich. Wir hatten einen Engpaß, hervorgerufen durch Vaters prätentiösen Lebensstil, Schlendrian und falsche Einkaufsentscheidungen. Aber im Kern war das Unternehmen überlebensfähig (siehe Analyse Seite 126).

Aus Lloret zurück, kauft Werner Metzen Modeschmuck und Gasmasken, immer wieder Gasmasken, 400 (!) Lastwagen voll, als warte die Nation brennend auf dieses Utensil. „Wir müssen den Markt leerfegen", sagt er.

Lars streicht Überstundenabrechnungen und gibt selbst seinen Dienstwagen, einen Mercedes 500 SL, zurück, wodurch er die monatliche Leasingrate von 5.000 Mark spart. „Verkaufe deine Rolls Royces und die Wohnung in Weinheim", fordert er vom Vater. Antwort: „Du spinnst!"

Dann der nächste Schlag: Bei eisigen Wintertemperaturen stellt sich die Heizung des ehemaligen Kühlhauses als zu schwach heraus. Nun, bei der Schneeschmelze im Februar, tritt auch noch Wasser durchs Dach. Zudem macht sich die Störanfälligkeit des elektronisch gesteuerten Hochregals bemerkbar, dessen Betrieb schließlich aus Sicherheitsgründen von der Bauaufsicht untersagt wird. Riesige Investitionen werfen ihre Schatten drohend voraus.

Werner Metzen verbringt die Nachmittage in dem italienischen Restaurant Coletta. Häufig ist er angetrunken. Lars wird zugetragen, daß enge Mitarbeiter des Vaters diesen Zustand dazu benutzen, gegen den

ar ein eschäftsmann"

Junior zu konspirieren. Eine ehemalige Angestellte sagt heute dazu, das Gerücht, Lars habe in die eigene Tasche gewirtschaftet, sei gezielt gestreut worden.

Am Freitag, dem 31. Mai 1996, hat Werner Metzen um 11 Uhr einen Zahnarzttermin. Für den Nachmittag ist eine Aussprache zwischen Vater und Sohn angesetzt.

Sie beginnt damit, daß Lars ihm vorwirft, die Firma in den Ruin zu treiben. Der kontert wütend: „Du willst dir den Laden unter den Nagel reißen. Ich weiß, daß du Schwarzgeld genommen hast!"

Ebenso plötzlich verwandelt sich seine Wut in triefendes Selbstmitleid. „Ach, was soll's! Ich habe Krebs. Ich werde sowieso bald sterben."

Am selben Tag noch fährt Lars Metzen nach Ulmen zurück.

Er grübelt - und notiert auf Firmenpapier mit Kugelschreiber seine letzte Hausmitteilung. Sie beginnt mit dem Satz:

Es ist der endgültige Bruch zwischen Vater und Sohn, das Ende einer Beziehung, die von Liebe, grenzlosem Vertrauen und gnadenlosem Anspruchsdenken geprägt war.

Was sich dann in der Walldorfer Firmenzentrale abspielt, ist eine Mischung aus Kehraus und Untergang der Titanic. Fröhliche Endzeitstimmung.

Augenzeugen berichten, daß kein Laster mehr das Lager verlassen habe, weil es keine Ware mehr gab. Das Lagerpersonal vertreibt sich die Zeit mit dem Sortieren von Verpackungsmüll, Führungskräfte in der Chefetage mit Alkohol. Im August tauchen - neben wütenden Gläubigern - die ersten „Leichenfledderer" auf, die Metzen dubiose Übernahmeangebote machen. Verzweifelt hat er zuvor versucht, seine 53 Märkte und Kaufhäuser loszuschlagen. Preisvorstellung: 60 Millionen. NKD und Schlecker zeigen kein Interesse, auch die französischen Partien-Vermarkter NOK und Tati lehnen ab. Die Eintragungen in seinem Terminkalender in gehetzter, krakeliger Schrift deuten auf Panik hin. Im September versucht er, Geld aufzutreiben bei Leuten, denen er früher einmal großzügig unter die Arme gegriffen hat. Vergeblich. Eine Kfz-Werkstatt konfisziert einen Lastwagen, weil die Reparatur nicht bezahlt worden ist. Derweil holen sich die Mitarbeiter ihre letzten Gehälter aus der Kasse - sofern noch etwas drin ist.

Werner Metzen steht auf verlorenem Restposten. Ein einsamer, verzweifelter Mann...

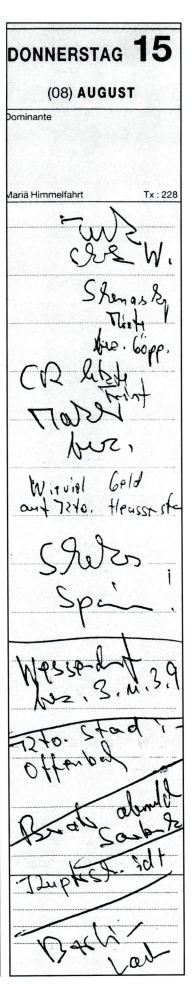

Die 10 Fehler des Ramsch-Königs

❶ Mieten: Stets auf der Suche nach den besten (1a) Lagen, akzeptierte er horrende Forderungen. Das Kaufhaus in Heusenstamm z. B. kostete 50.000 Mark im Monat. Metzen zielte darauf ab, die Mietausgaben durch hohe Umsätze wieder hereinzuholen.

❷ Hochregallager: Der Kauf des ehemaligen Kühlhauses in Walldorf stürzte das Unternehmen in die Existenzkrise. Es war zu groß, zu teuer, zu renovierungsbedürftig: Schließlich fehlte das Geld, um neue Ware einzukaufen. Folge: Der Umsatz stagnierte - und sank schließlich dramatisch.

❸ Finanzierung: Weil Metzen seine Bücher nicht offenlegen wollte, pflegte er auch kaum Beziehungen zu Banken; Investitionen wurden mit Eigenkapital getätigt, selten Kredite in Anspruch genommen. Dadurch gingen Steuervorteile verloren.

❹ Management: Es gab keine betriebliche Organisation, keine Marktstrategie, keine personellen Verantwortungsbereiche. Metzen führte das Unternehmen „aus dem Bauch" heraus wie einen Tante-Emma-Laden.

❺ Kontrolle: Weder die Warenverteilung noch das Finanzwesen waren überschaubar organisiert. Lieferscheine (überhaupt erst von Lars Metzen 1995 eingeführt) verschwanden, Rechnungen gingen auf dem „Dienstweg" verloren. Folge: Mahnbescheide und ein Rattenschwanz an Prozessen, die meist mit Versäumnisurteilen endeten - weil die Termine „verschwitzt" worden waren.

❻ Rückstellungen: Weil jede Mark sofort wieder investiert wurde, konnte das Unternehmen zu keiner Zeit Kapital bilden. Auf den Firmenkonten gab es daher niemals ein nennenswertes Guthaben.

❼ Kontoführung: Jede einzelne Filiale hatte ihre eigene Bankverbindung; eine Übersicht über Soll und Haben war in der Zentrale nur schwer möglich.

❽ Mitarbeiter: Weil der Chef die Belegschaft als seinen „Freundeskreis" betrachtete, gab es keine ordentliche Personalführung. Neueinstellungen wurden nicht nach Qualifikation, sondern nach Sympathien getätigt. Sein Vertrauen war so groß, daß er nicht einmal die horrenden Überstundenabrechnungen kontrollierte. Zudem durften sich die Filialleiter ihr Netto-Gehalt selbst aus der Kasse nehmen.

❾ Gastronomie: Die Betriebe Ambiente in Schriesheim und Gasthof Metzen in Niederlauterstein schrieben ausschließlich rote Zahlen - insgesamt kostete das Kneipen-Abenteuer die Metzen Gastronomie GmbH eine Million Mark.

❿ Privatentnahmen: Über Jahre hinweg bestritt Werner Metzen seinen aufwendigen Lebensstil aus den Einnahmen des Unternehmens. ◆

Hätte das M Imperium ge werden köne

Ja. Aber Werner Me

Mit einer Reihe von Sofortmaßnahmen hätte die Schieflage der Metzen Warenhandelsgesellschaft mbH nach Ansicht des ehemaligen Geschäftsführers Lars Metzen noch Mitte 1996 ausgeglichen werden können.

Erster Schritt: Veräußerung der meisten Filialbetriebe an Franchise-Nehmer. Unser größtes Kapital war unser Name. Wir hätten die Franchise-Partner mit Ware beliefert und für die Bezeichnung Metzen - Teures billig sogar noch eine Gebühr kassiert. Zusätzlicher Vorteil: Personaleinsparung!

Weiter: Der größte Teil der Warenbestände - Haarschmuck, alte Textilien - war in Deutschland nicht mehr verkäuflich, blockierte aber Lagerkapazität. Weg damit - in Länder des ehemaligen Ostblocks wie Rumänien oder Bulgarien. Selbst kleine Erlöse wären uns recht gewesen.

Ferner hätten wir eine Fremdbeteiligung an der GmbH anstreben müssen. Ende April 96 führten wir diesbezügliche Gespräche mit einem finanzstarken Interessenten, einer Großbäckerei. Mein Vater hätte als Geschäftsführer oder Berater tätig sein können. Es scheiterte daran, daß wir keine aussagekräftigen Unterlagen über die Struktur des Unternehmens vorlegen konnten.

Des weiteren strebte ich damals den Verkauf der Immobilien an. Motto: Sale and lease back. Das hätte uns wieder liquide gemacht.

Und dann: Raus aus langfristigen Mietverträgen und verstärkt günstige Interimsangebote nutzen - das heißt: freistehende Läden für ein bis maximal vier Monate mieten und in dieser Zeit Ware mit Hochdruck verkaufen.

Schließlich plante ich, den gesamten Fuhrpark zu verkaufen und statt dessen mit einer Spedition zusammenzuarbeiten. Dies hätte uns von fixen Kosten entlastet.

Apropos Kosten: Die hätten wir auch innerhalb des Managements reduzieren müssen: 18 Handys, zahlreiche Dienstwagen, hohe Bewirtungen, Überstunden - Schluß damit.

Das alles wäre möglich gewesen. Aber nicht mit meinem Vater!

etzen-
rettet
en?

ohne
tzen!

Werner Metzen in seinem Büro in Viernheim

Aus der Sicht eines Branchen-Kollegen

Heinz Schäfter von der Firma Stock-Lot Sonderposten-Großhandel in Merenberg war Geschäftsfreund und Lieferant. Als Branchen-Insider kennt er viele Meinungen der Kollegen und Konkurrenz zum Thema Werner Metzen.

Was wurde da so getuschelt?

Viele Kollegen waren erst einmal verwundert, wie Herr Metzen es immer wieder verstand, in die besten und wichtigsten Sendungen des Deutschen Fernsehens zu gelangen.

Die Größten der Branche wollten sich nicht unbedingt mit ihm auf die gleiche Stufe stellen lassen, aber so manche sagten, er sei inzwischen bekannter gewesen als einige Politiker oder Stars.

Welche Auswirkungen hatten die TV-Auftritte auf die Schnäppchen-Szene?

Werner Metzen wurde über Nacht ein Trend-Setter, einmal als Meilenstein gesetzt ging es lawinenartig voran. Die Nachahmer ließen nicht lange auf sich warten und folgten der Geschäftsidee blind in Scharen. Nach jeder TV-Sendung wie z. B. Bio oder Schreinemakers kamen Dutzende von Neu-Gründungs-Kandidaten in meine Firma.

Als Erst-Ausstatter und Lizenzgeber habe ich so manchen Möchtegern-Kaufmann auf den Boden der Tatsachen zurückholen müssen, da die Hoffnung, in Kürze zum Millionär zu werden unrealistisch war. Unglaublich wieviel Bewerber ich als ungeeignet ablehnen mußte.

Einige ließen sich nicht belehren, eröffneten einfach in abgelegenen Lagen teure Läden und warteten vergeblich auf den ersehnten Geldregen (Fazit: Metzen der Verführer).

Mittlerweile hat man manchmal den Eindruck, daß es nur noch Restposten-Läden gibt, und sie schießen immer noch wie Pilze aus dem Boden (Metzens Vermächtnis). Auch die großen Kaufhäuser und Versender sind immer mehr gezwungen, das Spiel mitzuspielen.

War Werner Metzen der Pionier?

Nein! Er war zwar sehr früh dabei, aber die wahren Pioniere kommen aus dem Raum Hamburg. Havarien aus dem Hafen wurden hier schon direkt nach dem Krieg vermarktet. Einige große Dinosauriere der Hamburger Posten-Szene sind z. B. Krümet, Zimmermann, Rin + Rut, Ja-Wohl usw. Hinter vielen Posten-Märkten verstecken sich große Konzern-Namen. Otto ist Corso, Quelle ist Fundgrube, Neckermann ist Fox, Tengelmann ist Rudis Reste Raupe.

Herr Schäfer, wie sehen Sie die Zukunft der Posten-Händler?

Viele Kleine werden dem allgemeinen Preisdruck nicht standhalten können. Läden in Ia Lagen wie in Fußgängerzonen haben noch gute Chancen. Läden mittlerer Größe mit 200–600 qm in Randlagen werden mit geringerem Profit rechnen müssen. Zukunft haben noch die großen Sonderposten-Märkte ab 1000 qm. Letztendlich entscheidet Fleiß und Ausdauer.

Flucht nach Spanien

Er weiß: Es ist aus! Zum letzten Mal packt er seinen Koffer und reist dorthin, wo er stets am glücklichsten gewesen ist - nach Lloret de Mar. Hat er zu diesem Zeitpunkt schon beschlossen, seinem Leben ein Ende zu bereiten? Hier sprechen seine letzten Begleiter

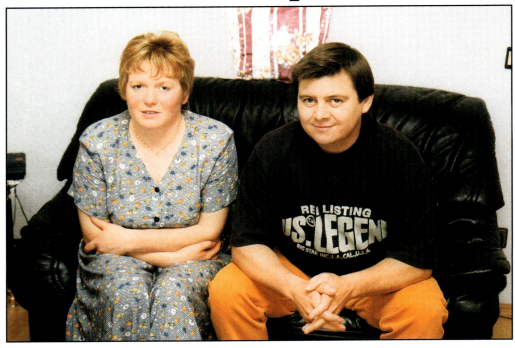

Hausmeisterehepaar Sofia und Wilhelm Benning: „Er war völlig niedergeschlagen"

Wenige Tage vor Weihnachten 1996 rollt des nachts ein 18-Tonner vor die Düsseldorfer Filiale von Metzen teures billig.

Mitarbeiter schaffen die Ware aus dem Laden. Zwangsräumung wegen 230.000 Mark Mietrückstand. Doch ehe der Laster den Hof verläßt, erscheint eine Gerichtsvollzieherin, pfändet Brummi und Ladung. Das Finanzamt wartet seit fast einem Jahr auf 4,6 Millionen Mark Nachzahlung.

Im Februar bekommt Ralf Schneckenburger, der die Münchner Filiale an der Schwanthaler Straße führt, einen Anruf von Metzen-Sekretärin Skowron:

„Hier brennt's lichterloh. Morgen müssen die Beiträge an die AOK überwiesen werden. Wieviel Geld haben Sie in der Kasse?"

„2.500. Wieviel brauchen Sie?"

„10.000!"

Schneckenburger geht zur Bank, überzieht sein Privatkonto und leiht der Firma 7.500 Mark. Ein verzweifelter Versuch, das sinkende Schiff zu retten, gleichwohl aber auch ein Zeichen für das Vertrauen in den großen Alten.

Der steht spätestens jetzt mit dem Rücken zur Wand.

Für den Januar merkt er sich noch zwei Karnevaltermine vor - dann wird es merkwürdig leer in seinem Kalender. Als gäbe es nichts Wichtiges mehr.

Der Mann, dem er am ehrlichsten seine Lage schildert, ist sein Hausmeister.

An einem Tag im Januar 1997 sagte er in seinem Weinheimer Appartement zu Wilhelm Benning (40): „Die Geschäfte laufen schlecht. Wir müssen zusehen, daß wir die nächsten Monate überstehen. Sonst..." Die drohende Konsequenz bleibt unausgesprochen.

Anfang März - drei Wochen vor Ostern - kauft er sich ein Rückflugticket nach Spanien. Abends verabschiedet er sich von den Bennings. Die erinnern sich: „Er saß im Sessel, merkwürdig erschöpft. Ein schlimmer Anblick. Es geht mir sehr schlecht', sagte er. `Ich muß mal wieder nach Spanien, für zwei, drei Wochen.´ Dann sprach er von seiner Krankheit, daß er Zucker habe und Krebs."

Das Ehepaar, dem Metzen vor eineinhalb Jahren einen Spanien-Urlaub spendiert hat, ist vom Anblick seines prominenten Hausbewohners tief betroffen. Seit Wochen war er nicht mehr beim Friseur, nicht mehr zur Maniküre. Sein Körper ist aufgedunsen. Sie fragen betreten, ob sie etwas für ihn tun können. Er schüttelt den Kopf. „Passen Sie nur auf die Wohnung auf."

Der Flug von Frankfurt am Main nach Barcelona, wo er von seinen Leibwächtern abgeholt wird, ist eine Flucht - vor der Wirklichkeit.

Der Gerichtsvollzieher kommt fast täglich in die Firmenzentrale nach Walldorf.

Ostern besucht ihn Lebensgefährtin Bettina Simon in Lloret. Sie trifft einen Mann, der sich fürs Geschäft nicht mehr interessiert und dessen körperlicher Verfall jeden Tag fortschreitet. Die Kumpane, mit denen er sich umgibt, haben nichts vom Jet-Set-Glanz vergangener Zeiten. Zufallsbekanntschaften geben sich als „alte Freunde" aus und verkaufen Tips an deutsche TV-Magazine. Nach Informationen, die der Familie vorliegen, hat Werner Metzen in den letzten Wochen seines Lebens noch erhebliche Teile seines Besitzes verschenkt. Eine Zeuge berichtet: „Er war von Nassauern umgeben. Einer hat ihm das silberne Besteck abgeschwatzt. Er wollte nur glückliche Leute um sich sehen." Rührend klammert er sich an seine Begleiter: „Man sagt, Freunde in der Not gebe es nicht. Aber ich habe hier viele Freunde."

Immer wieder rafft er sich auf. Die meiste Zeit des Tages sitzt er in Marias Strandbar. Bevor Bettina nach Deutschland zurückkehrt, nimmt er ihr das Versprechen ab, mit keinem gemeinsamen Bekannten eine Beziehung einzugehen. „Nach mir kommt keiner mehr..." Dann läßt er Freundin Denise einfliegen. Sie ist 19 und die letzte Frau an seiner Seite.

Der Ramsch-König in seinem letzten Exil in Lloret de Mar bei Barcelona (Karte). Doch die spanische Sonne bringt ihm die alte Lebenslust nicht mehr zurück - er ist vom Tod geweiht

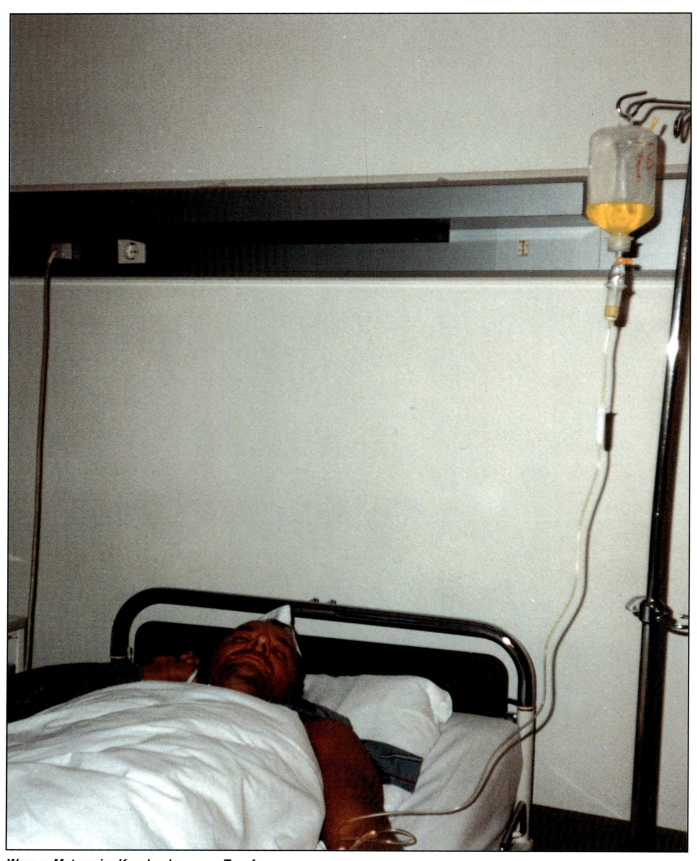

Werner Metzen im Krankenhaus am Tropf

Jeden Tag stirbt er ein bißchen

Im März 1997 wird Werner Metzen endgültig klar, daß er sich gegen sein Schicksal nicht mehr auflehnen kann. Die Firma ist verloren, die Familie mit ihm zerstritten, der Glamour von einst morbider Untergangsstimmung gewichen. Er muß erkennen, daß er privat und geschäftlich gescheitert ist. An seinem Laden prangt das Schild Embarcado - geschlossen. Zum ersten Mal gibt es keine Kasse mehr, in die der Ramsch-König greifen kann. In Walldorf wird eben sein Rolls Royce gepfändet, und im thüringischen Gera, dem juristischen Sitz der Metzen Warenhandelsgesellschaft mbH, prüft Rechtsanwalt Franz Gelbowicz, ob genug Masse für ein Konkursverfahren vorhanden ist. Zwei Krankenkassen und ein Lieferant haben Antrag auf Eröffnung der Gesamtvollstreckung gestellt. Die 120 Mitarbeiter (von einst 400) in den noch bestehenden 38 Filialen, deren Sozialversicherungsbeiträge längst nicht mehr bezahlt wurden, rechnen täglich mit dem Aus. Und als spiele ihm das Schicksal einen bitterbösen Streich, hat auch das in Lloret stationierte und damit vor dem Zugriff deutscher Gläubiger einstweilen sichergestellte Nobelauto der Marke Aspalanta seinen Geist aufgegeben.

Werner Metzen will nur noch sterben!

Seine Hinterbliebenen, seine wenigen Vertrauten sind der Überzeugung, daß er eine mentale Art des Freitodes gewählt hat: Selbstmord durch Aufgabe des Lebenswillens und Verweigerung ärztlicher Kunst. „Er hat sich sein Ende herbeigewünscht", sagt Schwester Karin. Und mit großen Mengen Alkohol beschleunigt.

Nach seinem Tod entdecken seine Kinder im Kühlschrank seines Hauses einen Todescocktail, den er sich kurz vor seinem letzten Zusammenbruch gemixt haben muß, für den Fall, daß sein Leiden unerträglich werden würde: Ein großes Glas mit Beruhigungsmitteln und Schlaftabletten, zerstampft und zum Teil in Wasser aufgelöst.

Früher hat er über den Tod nicht gern gesprochen. Nur einmal, erinnert sich Lars:

Er sagte, er möchte sich nicht quälen am Ende seines Lebens. Lieber würde er Gift nehmen.

Mitte April spüren ihn Reporter in Lloret de Mar auf. Eine große journalistische Leistung ist das nicht: „gute Freunde", die den Todkranken „umsorgen", haben mit ein paar Hinweisen ihre Reisekasse aufgebessert.

Sie finden einen Ramsch-König, der von zwei Begleitern gestützt werden muß, wenn er von seinem Haus zur Strandpromenade wankt. Während des Sprechens bricht er immer wieder in Tränen aus. Ein weinerlicher, von Selbstmitleid erfüllter Mann, um Jahre gealtert und verbittert. Lars sei an allem schuld, behauptet er trotzig. Er hat mein System nicht begriffen. Der hat für zwölf Mark ein- und für sechs Mark verkauft. So bekloppt kann kein Mensch sein."

Im letzten Jahr habe er, Werner Metzen, deshalb 20 Millionen Mark verloren, behauptet er, und lamentiert: „Jeden Tag rinnen mir die Millionen durch die Finger."

Millionen, die es weder gab noch gibt. Seine letzte Illusion, während sich beim Amtsgericht Gera die Haftanordnungen stapeln, weil er drei Vorladungen zur Abgabe einer eidesstattlichen Versicherung nicht nachgekommen ist. Wie es weitergehen solle, fragen die Reporter.

Er wolle nichts schuldig bleiben, beteuert er, und Immobilien verkaufen, „aber", schränkt er ein, „die werde ich einfach nicht los."

Kein Wunder - sie sind weitgehend verpfändet. Zum Beispiel das Objekt in Hamersleben (Sachsen-Anhalt), bei der Löbbecke Bank mit einer Million belastet, ist zusätzlich mit einer zweitrangigen Eintragung als Sicherheit für den Kauf des Appartements in Weinheim blockiert. Die Verhandlungen wegen seiner Immobilien in Spanien verzögern sich. Spekulantenweisheit: Wer verkaufen muß, hat die schlechteren Karten...

Am 15. April gibt Sohn Dirk gegenüber der BILD-Zeitung auf Anfrage das Statement ab: „Mein Vater hat Darmkrebs. Wenn er sich nicht bald operieren läßt, so sein Arzt, wird er sterben."

In einem TV-Boulevardmagazin erklärt der Todkranke selbst zwei Tage später: „Ich habe keine Kraft mehr. Laut Arzt geht's nur noch um ein paar Tage!"

Neben seiner Diabetes sei auch noch eine „Zyste im Darm" festgestellt worden. Seine Beine seien „völlig schwarz". Und: „Ich bin ein Wrack!"

Was ist die Wahrheit über seinen Gesundheitszustand?

Unter einer Zyste verstehen Mediziner ein von einer dünnen Gewebslage umschlossenes Gebilde, in dem sich Flüssigkeit bildet. Die Diagnose „Krebs" wurde demzufolge von Metzens Arzt in Deutschland auch nicht gestellt. Vermutlich handelte es sich um eine gutartige Wucherung der Darmschleimhaut.

Auch die in Medien mehrfach geäußerte Behauptung, Metzen leide an Speiseröhrenkrebs, ist unsinnig. Die - allerdings erst später gestellte - Diagnose der Ärzte im Hospital de Girona Doctor Josep Trueta - klingt scheinbar viel harmloser, ist jedoch weitaus tragischer: Weil das Blut die geschwollene Leber nicht mehr passieren kann, staut es sich. In seiner Speiseröhre hat sich daraufhin - übrigens typisch für Alkoholkranke - eine Krampfader gebildet, die mehrfach porös geworden war.

Die Verfärbung der unteren Gliedmaßen ist ohne Zweifel auf Durchblutungsstörungen infolge Diabete mellitus zurückzuführen. Seine Zuckerwerte liegen bei über 200 mg% (normal: 80 bis 100 mg%). Die typischen Symptome der Stoffwechselkrankheit treten bei ihm auf: Ungewöhnlicher Durst, häufiges Wasserlassen, Gewichtsverlust bei gesteigerter Nahrungsaufnahme, Schwächegefühl und Schläfrigkeit.

Der Patient leidet zudem unter panischer Angst vor medizinischen Eingriffen. „Es war schon ein Theater, wenn er sich nur eine Spritze geben lassen sollte", weiß Bettina Simon. Schon in Weinheim hat sie mehrfach versucht, einen Notarzt zu rufen, wenn es ihm wieder mal schlecht ging; er riß ihr jedes Mal den Telefonhörer aus der Hand.

Sein Zustand verschlechtert sich rapide. Bettina: „Er schleppte sich morgens aus dem Bett an die Strandbar, um die Leute mit seinem letzten Geld auszuhalten. Wenn er jemanden begrüßen wollte, mußte er vom Sitz hochgehoben werden. Um eins war er dann so fertig, daß er ins Bett gebracht werden mußte."

Und immer wieder kommt es zu Blutungen. Fontänen von Blut ergießen sich aus Mund und Nase. Einmal, als er ins Zuckerkoma fällt, wird der Notarzt gerufen. Wieder bei Bewußtsein, beginnt Metzen mit übermenschlichen Kräften zu randalieren. „Ich will nicht ins Krankenhaus. Nein! Nein!"

Am Dienstag, dem 22. April, führt er ein letztes Telefonat mit Bettina. „Er war betrunken und wies mich schreiend an, alle geschäftlichen Dinge zu regeln. Ihn interessiere gar nichts mehr."

Am 23. April sitzt er in seinem schreiend gelben Sakko an der Bar El mar y tu, zeitweise nicht ansprechbar. Einen vorgesehenen Auftritt in Schreinemakers live für den nächsten Tag hat er absagen lassen. Wie Hyänen umschleichen Kamerateams den Ramsch-König; eines

24. April 1997, 18 Uhr. Sein Herz hört auf zu schlagen. Nein, es war kein sanftes Hinübergleiten. Es war sogar ein furchtbares Sterben

filmt ihn torkelnd, Blut sabbernd, während sein Kopf vornüber kippt. Würdelose Bilder in Nahaufnahme.

Der endgültige Zusammenbruch erfolgt kurz nach 16 Uhr.

Auf der Intensivstation der Klinik von Girona wird er in ein künstliches Koma versetzt. Die Krampfader in der Speiseröhre ist geplatzt. Ein gewaltiger Blutschwall ergießt sich aus seinem Mund. Erstickungsgefahr. Die Ärzte klemmen die Ader ab und geben ihm ein blutverdickendes Mittel, um die Wunde zu schließen.

In der Nacht zum 24. April landet Sohn Dirk in Barcelona. Der Leibwächter, der ihn am Flughafen abholt, sagt: „Es sieht schlecht aus."

Doch der Vater ist bei Bewußtsein. „Junge, was machst du denn hier? Und wo sind meine Sachen?" fragt er. Es ist unfaßbar: Die Intensivstation, ein karger, weißgetünchter Raum, wimmelt von Besuchern, die das Krankenbett umstehen. Sie werden Zeugen einer ergreifenden Szene, als der Vater, dem sie die Hände festgebunden haben, weil er sich immer wieder die Infusionsschläuche herausgezogen hat, seinen Sohn anfleht, ihn loszumachen und mitzunehmen.

Es ist noch gar nicht lange her, da hat Werner Metzen erklärt: „Es gibt Kinder, an denen man mehr - und Kinder, an denen man weniger Freude hat." Dirk ist so einer von der ersten Sorte. Der Liebling des Vaters. Er ist immer an seiner Seite gewesen und hat ihm, auch das muß man sagen, stets nach dem Mund geredet. Den „Charme eines Felix Krull" hat ihm mal einer attestiert, andere sagen, sein Beruf sei halt „Sohn".

Das ist ein bißchen ungerecht. Dirk, der gar nicht Metzen heißt, sondern den Namen seiner Mutter trägt, erlebte bewußt nur die glänzende Seite der Medaille. Wenn man als Pimpf im Rolls Royce zur Schule gefahren wird, hat man später wenig Sinn für die Banalitäten des Alltags.

Als es ihm beim großen Bruder, der ihn im Postengeschäft von Grund auf ausbilden will, in Ulmen zu langweilig wird, beschwert er sich beim Vater - der ihn prompt zu sich holt. Zwar verdient er offiziell nur 2.000 Mark netto, aber der alte Herr steckt ihm genug zu, um die Lexus-Limousine, die er ihm zum 19. Geburtstag geschenkt hat, immer volltanken zu können. Vor zwei Jahren hat er ihn, übrigens anstelle des zehn Jahre älteren Lars, heimlich als Begünstigten in seine Lebensversicherung aufnehmen lassen.

Dirk ist ein etwas introvertierter, höflicher junger Mann und ansonsten die perfekte Imitation des Ramsch-Königs. Er ist gestylt wie der Vater und denkt wie dieser. Über die Zukunft hat er sich nie einen Kopf gemacht. Papa wird's schon richten. Zu seiner grenzenlosen Verwunderung hat der sich in den letzten Wochen auch von ihm abgewandt, so als werfe er auch ihn in den Topf der Schuldigen am Untergang des Hauses Metzen.

Und nun steht er im nüchternen Flur des Hospital de Girona, wo ihn die Ärzte beiseite nehmen und sagen, die Überlebenschance betrage nur noch 5 Prozent und ihm raten: „Gehen Sie nach Hause. Wir rufen Sie an."

Was ging da in Ihnen vor?

Ganz ehrlich: Im ersten Moment habe ich das alles noch nicht in seiner vollen Tragweite erkannt. Daß Vater sterben wird, war für mich undenkbar.

Der Anruf erfolgt am nächsten Morgen um 8.15 Uhr: „Unser Versuch, die Ader zu schließen, ist fehlgeschlagen", sagt die diensthabende Ärztin. „Er ist nicht mehr bei Bewußtsein..."

Wieder umsteht die Clique aus der Strandbar das Bett. Zum ersten Mal erfaßt der 20jährige den Ernst der Lage. Empört drängt er die Meute aus dem Zimmer. Sein Vorschlag, den Vater nach Deutschland zu überführen, wird von der Ärztin abgelehnt: Keine Überlebenschance. Inzwischen ist auch Bettina eingetroffen - und begegnet Denise im Warteraum des Krankenhauses. Zwei Frauen, die vorher nichts voneinander wußten und nun um das Leben ein und desselben Mannes bangen. Es ist, als habe Metzen einen letzten Gag gelandet.

Der Tod kommt in Etappen!

Zunächst setzt das Herz aus. Mit Elektroschocks bringen es die Ärzte vorübergehend wieder in Gang. Dirk geht im Flur auf und ab, während in Frankfurt am Main sein Bruder Lars eine Maschine nach Spanien besteigt.

Als der das Krankenhaus betritt, ist es 18.10 Uhr am 24. April 1997, und Werner Metzen seit zehn Minuten tot.

Sie haben ihn in der kleinen Kapelle der Klinik aufgebahrt. Sein Gesicht ist aufgedunsen, ein Ausdruck des Entsetzens hat seine Züge verzerrt, als habe er im Anblick des Todes etwas Grauenhaftes entdeckt.

Hinter einer Glasscheibe die Corona der trauernden letzten Begleiter. Lars deckt den Toten zu, während die Leibwächter den Pulk der Fernseh-Paparazzi abwehren. Mit dem Feingefühl einer Dampfwalze bestürmen sie draußen die Hinterbliebenen: „Stellen Sie sich nicht so an. Isser tot?" herrscht ein blitzgescheiter Reporter Lars Metzen an.

Die Kinder öffnen die Wohnung des Vaters und finden sie halbleer. Teppiche, Lampen, Bilder - alles weg. Verschenkt, verscherbelt.

Während der Tote noch in der Klinik-Kapelle liegt und seine Söhne die Formalitäten für die Überführung nach Deutschland erledigen, schießen die Spekulationen über sein Erbe ins Kraut, und an der Legende wird eifrig gebastelt.

So fragt die BILD-Zeitung: „Wer erbt die 30 Millionen?" und spekuliert: „Sein Vermögen, sein gesamter Privatbesitz, wird unter seinen fünf Kindern aufgeteilt. Das wären mindestens sechs Millionen für jeden. Es sei denn, Metzen hat auch einer seiner Frauen etwas vermacht. Dann bekommen die Kinder nur einen kleineren Pflichtanteil." Und erläutert: „Metzens Privatver-

Ist Werner Metzen wirklich tot? Seine Schwester läßt den Sarg noch einmal öffnen. Und allen Gerüchten zum Trotz: Kein Zweifel mehr!

Glaubte bis zuletzt nicht an seine schwere Krankheit: Schwester Karin

mögen wird nicht vom Konkurs seiner Firma berührt. Ganz geschickt hatte er sie als GmbH gegründet. Sie haftet nur mit ihrem eigenen Kapital."

Das TV-Magazin Blitz macht weitere Aspiranten für das angebliche Millionen-Vermögen aus: Prinz Carl Alexander von Hohenzollern „und die letzte Geliebte". Wer Anspruch auf diesen Titel erheben kann, ist indes unklar. Eine der vielen ist die Düsseldorferin Marita, die zu berichten weiß: „Er hungerte nach Liebe und Aufmerksamkeit." Oder Babsi: „Werner war eine Seele von Mensch." Oder Denise: „Kurz vor seinem Tod sagte mir Werner: `Wir hätten ein schönes Leben zusammen führen können´."

Das es in Wirklichkeit gar nichts zu erben gibt, wird bald klar. Privatvermögen ist so gut wie nicht vorhanden. Sequester Gelbowicz beziffert die Schulden des Unternehmens auf einen Betrag in zweistelliger Millionenhöhe und vermutet vorsichtig: „Privatentnahmen [aus dem Firmenvermögen, d. Red.] durch Metzen kann ich nicht ausschließen."

Das Lager der Metzen GmbH in Walldorf ähnelt zu diesem Zeitpunkt der Sammelstelle einer Müllverbrennungsanlage: Unverkäufliche Bücher, Weihnachtsschmuck und vom Schimmelpilz befallene Gasmasken türmen sich bergeweise.

Am 30. April kehrt der tote Ramsch-König im Frachtraum eines Chartermaschine nach Hause. Dirk sitzt in der Touristenklasse - mit dem Rückflugticket seines Vaters. Es ist sein letztes, unfreiwilliges Geschenk an seinen Lieblingssohn.

In Deutschland läßt Metzens Schwester Karin den Sarg noch einmal öffnen. Sie will sich per Augenschein davon überzeugen, daß ihr Bruder wirklich tot ist. Bis zuletzt hatte sie Zweifel daran.

Haben Sie ihm eine solch makabre Komödie zugetraut?

Mein Bruder hat sein Leben lang geschauspielert. Ich hatte daher nie geglaubt, daß er wirklich krank war.

Und? Liegt er wirklich im Sarg?

Ja. Alle anderen Behauptungen gehören ins Reich der Legende. Mein Bruder war ein Liebling der Götter. Er hat immer bekommen, was er wollte. Am Schluß sogar den Tod!

Die spanische Sterbeurkunde

Fernseh-Team begleitet ihn heimlich zum Grab

Es ist ein schöner Frühlingstag, der 2. Mai 1997, die Sonne scheint, der Himmel ist blau, und auf dem Friedhof von Andernach deutet nichts darauf hin, daß ein prominenter Sohn der Stadt zu Grabe getragen werden soll.

„Wir hatte die Beerdigung geheimgehalten", erzählt Lars. „Nur die Familie und Personen, die Vater wirklich nahe standen, sollten dabei sein."

Die Beisetzung wird erst am Morgen beim Friedhofsamt angemeldet, der Grabschmuck auf den Namen „Josef Schmitz" bestellt. Vier Mitarbeiter einer Koblenzer Personenschutz-Agentur, dem Anlaß entsprechend in dunkle Anzüge gewandet, bewachen die Friedhofszugänge. Es herrscht oberste Sicherheitsstufe.

Die Trauergäste haben sich konspirativ am Andernacher Bahnhof verabredet und fahren anschließend im Konvoi zum Mariendom, wo eine Messe gelesen wird. Dann geht es zur Friedhofskapelle.

Sohn Lars hat eine Dixilandband engagiert. Es soll eine fröhliche Beerdigung werden, das hatte sich Werner Metzen einmal gewünscht.

Der Pfarrer ist nicht eingeweiht; die Familie befürchtet, daß er wenig Verständnis für diese Art musikalischer Untermalung haben wird und seine Mitwirkung verweigern wird; die Musiker warten deshalb, versteckt hinter Büschen, bis sich der 40köpfige Trauerzug in Bewegung setzt - nach dem mit orangefarbenen Strelitzien geschmückten Sarg der Geistliche, die Söhne Lars und Dirk, dann die Schwestern Karin und Bärbel sowie Mutter Ina und der Rest der Familie. Es folgen Verwandte, die Lebensgefährtinnen Bettina und Marlis, der schwarze König Cephas, ehemalige Mitarbeiter aus den neuen Bundesländern, die dafür 600 Kilometer weit angereist sind, sowie Journalisten von Tageszeitungen, die den Verstorbenen besser kannten als ihre Kollegen von der Sensationspresse. Unterwegs schließt sich die Band an und bringt einen flotten Marsch zu Gehör. So geht es zu einer abgelegenen, von Bäumen beschatteten Grabstelle an der Friedhofsmauer, Werner Metzens letzter Immobilie.

Der Eichensarg fährt in die Tiefe, der Pfarrer spricht tröstende Worte. Plötzlich bricht ein Spektakel los: Ein Pulk von Reportern drängt sich durch die Friedhofstore, Verschlüsse klicken. Die breitschultrigen Bodyguards bilden eine Kette und wehren die Eindringlinge mit sanfter Gewalt ab, während die Trauergäste in alle Himmelsrichtungen davonstieben.

In der Tat war der tote Ramsch-König den Medien einiges wert: 100.000 Mark bot ein Fernsehteam für die exklusive Fernsehberichterstattung von der Beisetzung. Die Metzens lehnten ab, sagen dem TV-Sender aber die Filmrechte an der Trauerfeier zu, die am 5. Mai stattfinden soll.

Was die Trauergemeinde nicht ahnt: Ein TV-Team des Magazins Blitz nimmt die Zeremonie von einem gegenüberliegenden Hochhaus auf und sendet den Beitrag drei Tage später.

Anschließend begibt sich die Gruppe zu einem kleinen alkoholfreien Umtrunk ins Hotel Mittelrheinhalle; den Brauch des Leichenschmauses hatte der Verblichene zu Lebzeiten stets abgelehnt.

Die Trauerfeier am Montag, als Medienspektakel und Defilee der alten Weggefährten inszeniert, wird - das Wort muß an dieser Stelle erlaubt sein - zum Flop. Zwar hat Lars Metzen noch einmal „die ganze Familie aufmarschieren" lassen, doch statt der erwarteten Menschenmassen finden sich gerade mal drei Dutzend Gäste zum letzten Farewell ein, darunter Prinz Carl Alexander von Hohenzollern und die Jacob Sisters.

Ohnehin beherrschen andere Schlagzeilen bald die Berichterstattung über das Ende des Ramsch-Königs: Mitte Mai werden alle Mitarbeiter gekündigt, die Versteigerung seines Nachlasses wird auf den 16. Juni terminiert, und die brennende Frage taucht auf, wo eigentlich Metzens teure Uhr geblieben ist.

Im Grab, wie es angeblich der letzte Wille Werner Metzens war?

Unsinn, sagt Sohn Lars, die Uhr ist, wie der übrige Schmuck meines Vaters, verschwunden. Vielleicht hat er sie verschenkt, versetzt, vielleicht wurde sie gestohlen. Ich habe keine Ahnung. Sicher ist nur eins: Im Sarg befindet sie sich nicht.

Noch schmückt ein schlichtes Holzkreuz das Grab in Andernach. Aber bald soll eine 1,70 Meter hohe Engelsfigur aus gehauenem Sandstein über die letzte Ruhe des Ramsch-Königs wachen.

Nachtrag: Unter der Rubrik Kurioses aus aller Welt ist die Mitteilung einer Urlauberin des Erwähnens wert, sie habe Werner Metzen auf der Südseeinsel Bora Bora gesichtet. Einen Monat nach seinem Tod! Ein Irrtum? Ein Doppelgänger? Zumindest können wir daraus die gesicherte Erkenntnis ableiten:

WERNER METZEN - DIE LEGENDE LEBT!

Das traurige Fazit eines verrückten Lebens

Werner Metzen ist tot. Was ist geblieben?

Materiell nicht viel. Seine Wertsachen sind versteigert, darunter übrigens auch Dinge, die ihm gar nicht gehört haben. Die Ritterrüstungen z. B. hatte seinerzeit meine Lebensgefährtin aus eigenen Mitteln erworben und ihm nur leihweise überlassen.

Was ist mit den Millionen, die er angeblich hatte?

Vater glaubte bis zuletzt, 50 Millionen schwer zu sein. Er meinte, wenn er Ware für 40.000 Mark einkauft und damit theoretisch 900 Prozent Gewinn machen kann, besitze er bereits 400.000 Mark. Er war leider kein Kaufmann.

Wollen Sie damit sagen, daß er gar kein Privatvermögen gebildet hat?

Soweit ich weiß: Nein! Im Gegenteil: Er hat erhebliches Firmenvermögen für seine privaten Zwecke aufgebraucht. Geblieben ist ein Sack voller Schulden.

Von 17 Millionen Mark ist die Rede. Realistisch?

Kaum. Die Verbindlichkeiten gegenüber Lieferanten belaufen sich, soviel ich weiß, auf rund eine Million. Dazu kommen noch Mietrückstände, Strom-, Wasserkosten sowie die Verbindlichkeiten gegenüber den Banken. Aber die waren ja durch Hypotheken abgesichert.

Lars Metzen in der Wohnung seines Vaters - leergeräumt, bis auf die beiden Sofas

mich eine Randerscheinung." Vater konnte selbst die kritischsten Frager von seiner Bonität überzeugen. Wie sonst wäre es möglich gewesen, daß selbst gestandene Banker um den Jahreswechsel 95/96 herum uns unbedingt als Kunden gewinnen wollten. Wenn alles so offensichtlich mies gewesen wäre, hätten die doch die Finger davon gelassen.

Von was leben Sie heute?

Ich bin im Unternehmen meiner Tante angestellt. Großhandel mit Postenware. Ich beziehe ein kleines Gehalt.

Wie denken Sie über das Leben, das Werner Metzen führte?

Heute weiß ich, daß die Schickimicki-Gesellschaft, die er so schätzte, nichts als ein Haufen alberner Wichtigtuer ist. Aber ich nehme es nicht übel, daß keiner zur Trauerfeier kam. Vater vereinte viele verschiedene Persönlichkeiten in sich - Geschäftsmann, Träumer, Frauenheld, Egoist, Verschwender und Menschenfreund. Er wäre so gern als Wohltäter in die Geschichte eingegangen.

Bleibt die Frage, warum Sie der Verschleuderung des Betriebskapitals nicht Einhalt geboten haben.

Eine berechtigte Frage! Aber bedenken Sie: Bis Anfang 1996 saß ich in Ulmen, weitab vom Ort des Geschehens. Vater hat das Unternehmen nach Gutsherrenart geführt und sich nicht in die Bücher gucken lassen. Sein aufwendiger Lebensstil, seine Großzügigkeit, sein Optimismus ließen mich glauben, es gehe dem Unternehmen im großen Ganzen gut. Dazu kommt: Die Medien waren ja ständig hinter ihm her und haben das Bild vom Glatzenmillionär gemalt. Niemand hat hinterfragt, ob dies überhaupt der Wirklichkeit entspricht.

Augenblick! Im November 95 berichtete BILD am Sonntag, Ihr Vater habe 2,4 Millionen Steuerschulden und fragte, ob er nun seinen Lieblings-Rolls-Royce verkaufen müsse.

Und was hat er geantwortet? „2,4 Millionen sind für

Werner Metzen

& der liebe Gott | & die Stamm-Kneipe | & das Essen | & die Body-Guards

der liebe Gott

Frage: Hat der liebe Gott am Werner seine Freude gehabt? Wir meinen: Aber ja doch! Schließlich lebte er nach dem christlichen Grundsatz der Nächstenliebe - viele tausend Mark spendete er für Bedürftige in aller Welt, für Menschen in Not

Kommunion mit 10

aus seiner nächsten Umgebung. Allerdings: Zur Heiligen Messe ging er nie. Das war für ihn „fauler Zauber", und manchmal fragte er verbittert: „Wenn es Gott gibt, warum läßt er dann soviel Elend zu?" Er war katholisch wie die meisten Menschen im Rheinland. Unser Foto zeigt ihn mit Schwester Karin bei der Heiligen Kommunion.

die Stamm-Kneipe

Eigentlich war er gar kein Gourmet, keiner, der Haute Cuisine wirklich zu schätzen weiß, auch wenn er in teuren Restaurants immer das Teuerste bestellte. Nee, viel lieber saß er in einer urigen Kneipe, umringt von netten Leuten, die er mit Lokal-

Stimmung beim Jöste Andres

runden versorgte. Wir sehen ihn beim Jöste Andres. Der betreibt bei Weinheim einen Bauernhof mit Gastwirtschaft. Einmal ließ der Werner im Stall servieren: Er im blauen Zweireiher auf einem Strohballen, eine handfeste Mahlzeit auf den Knien, während die Kühe gemolken werden. „Hier kann man ganz ungezwungen sein", sagt er.

das Essen

Wie gesagt: Kein Feinschmecker, der Werner. Oft stand er an seiner Lieblings-Würstchenbude in Bad Breisig und verdrückte ein Paar Thüringer. Gekocht hat er manchmal auch. Hausmannskost à la „gefegte Küche". „Er gab alles in den

Als Hobby-Koch

Topf, was er finden konnte", sagt Lebensgefährtin Bettina. „Es sah zwar nicht gut aus, aber es schmeckte wunderbar." Seine Gemüsesuppen sind legendär. Weihnachten lief er zur Hochform auf. „Hinterher sah die Küche wie ein Schlachtfeld aus." Am Schluß maß er seiner Ernährung nur noch wenig Bedeutung bei; er aß zu viel und zu fett.

die Body-Guards

Wichtige Leute sind immer in Gefahr. Wer wichtig ist, braucht deshalb Beschützer. Werner hat immer zwei Bodyguards, die nie von seiner Seite weichen, wenn er sich in der Öffentlichkeit zeigt. Nebenbei müssen sie auch allerlei Handlanger-

Leibwächter

dienste für ihn verrichten. Einer seiner Leibwächter nennt sich „Mister X", weil, wie er sagt, „Geheimhaltung wichtig ist". Er war angeblich bei der Elitetruppe GSG 9 und der Erstürmung der „Landshut" in Mogadischu dabei. Ähnlichkeit mit James Bond? I wo! Eher mit Dany de Vito. Aber das hat sicher auch was mit Tarnung zu tun.

& die Büste

Große Persönlichkeiten werden in Stein gemeißelt, in Holz geschnitzt, in Marmor gehämmert - oder in Bronze gegossen. Dafür hat sich der Werner entschieden. Eine Büste läßt er von dem mit ihm befreundeten Künstler Ricci Richenbach anfertigen.

Leibwächter

Eine gelungene Arbeit - für 2.500 Mark . „Wenn ich mal tot bin", sagt er zu seinen Kindern, „könnt ihr mich weiter anschauen." Daraus wird dann doch nichts: Das Werk geht in die Konkursmasse ein und wird zwangsversteigert; den Zuschlag bekommt Hotelier Bramer. Bei 3.500 Mark. Jetzt steht sie in seinem Hotel an der Ostsee.

& die Gangster

8.000 Mark - oder der Glatzenmillionär muß sterben! Damit drohen Erpresser im September 96. Waaas? 8.000 Mark? Eigentlich eine Beleidigung für einen Mann, der nach eigenen Angaben 30 Millionen wert ist. Werner schaltet die Polizei ein. Die

Werner Metzen

nimmt die Sache „sehr ernst". Und was vermutet das Erpressungs-Opfer? „Dahinter steckt bestimmt die Mafia. Ich lasse es aber nicht zu, daß die bald in ganz Deutschland regieren." Weil sich die Gangster nicht mehr melden und die Kripo keine heiße Spur finden kann, wird der Fall zu den Akten gelegt, wo er sich heute noch befindet.

& die Fans

Reiner G. aus Halle sammelt Unterschriften und fragt: „Könnten Sie mir bei der Erweiterung meiner Sammlung helfen, indem Sie mir ihr Autogramm mit Bild schicken?" Annelie P. aus Beuren geht noch weiter: Sie erbittet für die Mitglieder des Metzen-

Metzen-Fan-Club

Fan-Clubs eine Ausstattung mit T-Shirts (Teures billig) - „für unsere Metzen-Fete". Werner ist Kult. Schon zu Lebzeiten. Ein Symbol unserer Zeit: Aus Sch... Geld machen und es für Sch... wieder ausgeben. Bei der Versteigerung seines Nachlasses (Seite 6) kommen die Fans - als Schnäppchenjäger getarnt - in Scharen.

& die Ritter

Ein eiserner Herr - ohne Kopf. Haben böse Buben der Ritterrüstung, die er als Blickfang vor seinem Lokal Drei Musketiere aufgestellt hat, glatt den Helm abgeschraubt. Werner ist sauer und setzt eine Belohnung von 500 Mark für die Wieder-

Kopfloser Ritter

beschaffung aus. Rüstungen sind für ihn mehr als gebogenes und gehämmertes Blech. Sie faszinieren ihn von Kindheit an, stehen für Stärke, Ritterlichkeit, Minnedienst und Tradition. Später stellt er teure Originale in Büro und Wohnung auf. Übrigens: Der Helm des Kneipenritters wurde klammheimlich wieder anmontiert.

Werner unterwegs auf der Suche nach einer exclusiven Villa

Nur vom Feinsten, Werner der Geniesser

thaus; Barock-Schnöckel

Prinz Alexander von Hohenzollern mit Chef Werner Metzen vor der Filiale in Mannheim/Wallstadt

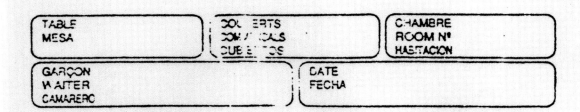

"Ich wurde geboren und muss sterben dazwischen sparte ich für die Ochsen, als ich dann im Grabe lag, da merkte ich, was ich doch für ein „Rindvieh" war!